매미,
여름 내내 무슨 일이 있었을까?

매미,
여름 내내 무슨 일이 있었을까?

박성호 지음 | 김동성 그림

사ㅁㅁ계절

글쓴이의 말

다시 비밀의 열쇠를 건네며……

  2000년 여름, 우연히 죽음을 눈앞에 두고 발버둥 치는 늙은 매미 한 마리를 보았습니다. 아무리 작은 곤충이지만 삶과 죽음에 있어서는 사람들과 다를 게 없구나 하는 생각을 했습니다. 그래서 매미가 얼마나 치열하고 힘들게 살아가는지, 그리고 그 모습이 얼마나 아름다운지를 다큐멘터리에 담기 시작했습니다. 그리고 〈한여름의 기록-반포 매미〉라는 다큐멘터리를 만들어 세상에 내놓았습니다. 한여름이면 끝날 것 같던 이 작업은 5년이라는 긴 시간이 필요했습니다. 그리고 이 다큐멘터리가 인연이 되어 매미에 관한 어린이책까지 쓰게 되었습니다.

  번잡하고 시끄러운 도시에서 밤낮을 가리지 않고 울어 대는 매미는 분명 성가신 존재입니다. 이 세상은 사람들만 사는 곳이 아닙니다. 아주 옛날, 지구에는 사람이 살지 않았습니다. 하지만 수많은 곤충과 식물들은 그 때부터 이 세상을 묵묵히 지켜왔습니다. 어쩌면 사람들이 동식물들의 공간을 조금씩 빼앗아 왔는지도 모릅니다. 이제라도 우리는 수많은 생명들과 함께

살아가는 방법을 배워야 합니다.
  이 책은 지난 5년 동안 관찰한 말매미에 관한 이야기입니다. 아직도 매미에 대해 밝혀지지 않는 사실들이 많을 것입니다. 이제 그 비밀의 열쇠는 여러분들에게 있습니다. 그럼, 여름 내내 매미에게 무슨 일이 일어났는지 함께 여행을 떠나 볼까요?

매미가 유난히 많은 반포동에서
글쓴이 박성호

차례

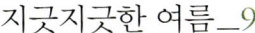

지긋지긋한 여름_9

1. 내가 매미를 처음 만난 날_10
2. 밤새 무서운 꿈을 꾸었다_20
3. 날지 못하는 애벌레_28
4. 매미들의 손목시계_36
5. 장대비가 쏟아지는 여름 밤_44
6. 두 얼굴을 가진 여름비_52
7. 오줌싸개 매미_62
8. 헌책방에서 만난 파브르 선생님_70
9. 천덕꾸러기들의 울음소리_74
10. 알 낳는 매미_82
11. 기나긴 가을과 겨울_90
12. 이듬해 봄, 드디어 매미 알을 보다_94
13. 안녕, 애벌레야!_106

다시 여름을 기다리며……_120

지긋지긋한 여름

안녕하세요? 내 이름은 이병규입니다. 올해 11살이죠. 전 여름을 싫어했답니다. 아주 지긋지긋했지요. 왜냐고요? 창문을 열어 보세요. 밤낮없이 울어 대는 매미 때문에 귀가 멍멍할걸요! 그런데 어느 날이었어요. 그러니까 아주 우연한 일이었죠. 현관문 앞에 떨어져 있는 매미 한 마리를 보았습니다. 시끄러운 녀석, 그렇게 울어 대더니 꼴좋다 생각했죠. 녀석은 바닥에 드러누워 허공에 다리를 휘젓고 있었습니다. 마치 죽지 않으려고 몸부림을 치는 것 같았어요. 조금 뒤, 매미는 완전히 숨이 끊어져 버렸어요. 웬일인지 가슴이 뜨끔해지더군요. 가엾다는 생각도 들었고요. 그 날부터 나는 매미의 삶과 죽음이 궁금해지기 시작했습니다.

1. 내가 매미를 처음 만난 날

> 7월 24일. 매미는 보이지 않았다.

나는 매미가 어떻게 생겼는지 자세히 보고 싶었다. 아직까지 살아 있는 매미를 제대로 본 적이 없기 때문이다. 복도에 서서 쌍안경으로 나무들을 살펴보았다. 매미는커녕 개미 한 마리도 보이지 않았다.

"도대체 매미는 어디에 있는 거야?"

뜰로 나갔다. 하지만 그곳에서도 매미는 보이지 않았다.

"왜 안 보이는 거지?"

그런데 낮은 나뭇가지에 붙어 있는 매미 한 마리가 보였다. 나는 살금살금 다가가 녀석을 한 손으로 낚아챘다.

"바사삭!"

내가 너무 세게 잡아서 그런지 부서져 버렸다. 그것은 매미처럼 생겼지만, 매미가 아니었다. 매미 허물이었다. 그러고 보니 뜰 곳곳에 매미 허물이 널려 있었다.

가슴이 답답했다. 집으로 돌아와 시원한 물을 마신 뒤 벌렁 누워 버렸다.

"매에에에!"

또다시 매미 소리가 들리기 시작했다. 녀석들은 어디엔가 숨어서 악을 올리는 것 같았다. 나는 벌떡 일어나 밖으로 나갔다.

"꼭 찾아 낼 거야!"

하지만 녀석들은 쉽게 들키지 않았다. 날아가는 녀석이라도 보려고 나무를 흔들어 보기도 했다. 하지만 소리내며 날아가는 것은 매미보다 몇 배나 더 큰 까치였다.

"이 녀석들, 울음소리만 내는 투명 곤충 아니야?"

결국 나는 살아 있는 매미를 보지 못했다. 나무 위를 어찌나 올려다봤던지 목이 아팠다. 울음소리만 들을 때는 언제든 녀석들을 쉽게 볼 수 있을 것 같았다. 하지만 매미들은 좀처럼 모습을 드러내지 않았다.

7월 26일. 드디어 살아 있는 매미를 보았다.

　아침 일찍 뜰을 또다시 뒤지고 다녔다. 오늘은 여기저기 돌아다니지 않고 한 나무 아래에서 끈질기게 기다리기로 마음먹었다. 목을 젖히고 눈동자만 이리저리 굴려 가며 나무 전체를 훑어보았다. 그러자, 나무 중간쯤에 매미가 보였다.
　"야, 매미다!"
　그런데 나무에 착 달라붙어 있는 모습이 꼭 동상 같았다. 살았는지 죽었는지 헷갈릴 정도였다.
　"파르르!"
　매미가 날아가 버렸다. 드디어 살아 있는 매미를 본 거다. 매미를 쫓아다닌 지 3일 만에 겨우 살아 있는 매미를 본 것이다. 그런데 한 가지 의문이 생겼다. 그 많은 허물을 벗고 나오는 매미는 모두 어디에 있었던 것일까?

7월 27일. 두더지 같은 매미.

뜰에서 매미 허물을 자세히 들여다보고 있는데, 경비원 할아버지가 다가오셨다. 할아버지는 내가 뭘 하고 있나 궁금하셨는지 이것저것 물으셨다.

"뭘 그렇게 들여다보고 있는 거냐?"

"껍질을 뒤집어쓰고 있는 매미를 찾고 있어요. 그런데 모두 속이 텅 비어 있잖아요."

"매미 애벌레를 찾나 보구나?"

"예."

"그 녀석들을 보려면 해질 무렵에 와야지."

"왜요?"

"해질 무렵이면 나무 밑동 가까이에서 땅을 뚫고 나오거든. 꼭 새끼손가락만한 구멍에서 나오지."

"에이, 두더지도 아닌데 어떻게 땅 속에서 나와요?"

"내가 너 같은 꼬맹이한테 거짓말을 하겠냐?"

"……."

"아마, 6시에서 7시쯤일 거야. 내가 날마다 순찰을 도는 시간이거든. 그 때마다 땅을 뚫고 나와 풀숲을 기어다니는 녀석들을 심심치 않게 보곤 하지. 할아버지가 찾아 줄까?"

경비원 할아버지의 이야기는 정말 놀라웠다. 할아버지는 매미에 얽힌 재

미있는 이야기도 한 가지 들려주셨다.

"내가 너처럼 어렸을 때는 말이다, 매미 허물을 주우러 이 산 저 산 돌아다녔단다."

"허물을 주워서 뭐 하시려고요?"

"한약방에 가져가면 돈을 줬어. 매미 허물이 한약재로 쓰였거든."

"할아버지! 그럼 기어다니는 애벌레도 시끄럽게 울어요?"

"애벌레는 울지 않아. 만약 애벌레까지 울어 대면 얼마나 시끄럽겠니?"

집으로 돌아온 뒤, 나는 곰곰이 생각해 보았다. 매미 애벌레가 두더지처

 한약재로 쓰이는 매미 허물

한의학에서는 매미 허물을 '선퇴'라고 합니다. 몸의 근육이 갑자기 오그라드는 경련이 일어날 때 매미 허물을 먹으면 진통을 멈추게 하는 효과가 있다고 합니다. 먹는 방법은 허물의 머리와 발을 떼어 낸 뒤 곱게 갈아 박하를 달인 물에 섞어 마십니다. 그리고 귓속을 후비다 상처가 났을 때는 곱게 간 허물을 참기름에 개어 솜에 묻힌 뒤 2~3일 정도 귓속에 끼워 두면 상처가 가라앉는다고 합니다. 지금도 한약방에 가면 매미 허물로 만든 한약재가 있다고 하니, 옛날 사람들의 지혜를 엿볼 수 있습니다.

럼 땅을 뚫고 나온다는 말은 좀처럼 믿어지지 않았다. 게다가 날지도 못하고 기어다닌다니……. 하지만 할아버지가 거짓말을 하는 것 같지는 않다. 어떻게든 내 눈으로 녀석들을 확인하고 싶다.

2. 밤새 무서운 꿈을 꾸었다

7월 28일. 밤새 악몽에 시달렸다.

"땅을 뚫고 나온단 말이지!"
새로운 사실을 알고 나자 가슴이 콩닥콩닥거렸다. 이제 뜰에 나가면 매미 애벌레들이 무더기로 나타날 것 같았다. 설레는 마음으로 뜰에 나가려는데 엄마의 불호령이 떨어졌다.
"어서 들어오지 못해! 오늘부터 생활계획표 지키지 않으면 방학 내내 아무 데도 안 데려갈 거야."
생활계획표를 보니 2시부터 4시까지 '특별학습'이라고 되어 있었다. 내 생각엔 매미 관찰도 특별학습인 것 같은데…….
"엄마, 매미 관찰하는 것도 특별학습이잖아요."
"매미 소리 때문에 시끄러워 죽겠는데, 왜 쓸데없는 짓을 하려는 거니?"
"……."
엄마는 내 마음을 너무 모른다. 결국 해질녘이 되어서야 밖으로 나왔다. 뜰을 이곳저곳 헤집고 다녔다. 하지만 애벌레는 한 마리도 보이지 않았다. 나는 나무 줄기에 붙어 있는 허물을 자세히 살펴보았다. 허물은 반투명한 카라멜 색깔이다. 게다가 하나같이 등이 갈라진 채 진흙이 잔뜩 묻어 있었다. 겉모양은 어른매미와 똑같지만 날개가 없었다. 모두 허물을 벗고 날아가 버린 빈 껍질뿐이었다.

  날이 어두워지자 손전등을 들고 다시 애벌레가 올라올 만한 구멍을 찾아 나섰다. 경비원 할아버지가 말한 대로 큰 나무 아래를 자세히 살펴보았다. 하지만 땅을 뚫고 나오는 애벌레를 발견하지는 못했다. 그 대신 재미있는

 매미 애벌레의 몸에 진흙이 잔뜩 묻어 있는 까닭

애벌레들은 땅굴에서 생활합니다. 하루나 이틀, 또는 고작 몇 개월을 사는 게 아니라 몇 년 동안 살아야 하기 때문에 튼튼한 굴이 필요합니다. 그래서 오줌으로 흙을 개어 벽면에 대고 배를 문지릅니다. 이렇게 하면 시멘트로 벽면을 바른 것처럼 굴이 튼튼해집니다. 애벌레의 이런 행동은 몸이 점점 커져 굴을 넓힐 때도 도움이 됩니다. 이 때 파낸 흙을 밖으로 내보낼 수 없기 때문에 파낸 흙을 오줌으로 개어 벽면에 바릅니다. 그럼 흙의 밀도가 낮아져 굳이 흙을 밖으로 내보내지 않아도 됩니다. 애벌레의 몸에 진흙이 잔뜩 묻어 있는 까닭은 땅 위로 올라올 때까지 이런 공사를 끊임없이 되풀이하기 때문입니다.

구경거리를 발견했다. 바로 쥐며느리와 개미 군단이었다. 쥐며느리는 나무 밑동을 뱅뱅 돌았다. 개미 군단도 아주 바빴다. 쥐며느리가 돌던 나무 둥치에는 수십 마리의 개미들이 거대한 터널 공사를 하고 있었다. 개미들은 쉴 새 없이 구멍을 들락날락했다. 구멍은 내 엄지손가락만한 크기였다.

"혹시……. 맞아, 매미 애벌레가 나온 구멍일 거야."

어쩌면 매미 애벌레들이 만들어 놓은 구멍을 개미들이 자기네들 집으로 쓰려고 수리를 하고 있는 건지도 모른다. 밖으로 나오지 못한 매미 애벌레가 있을 것 같기도 했다. 그래서 작은 막대기로 개미들이 들락날락하고 있는 구멍을 파기 시작했다.

"앗!"

조금 파들어가자 굴이 막혀 버렸다. 내가 녀석들의 공사를 눈 깜짝할 사이에 망쳐 놓은 셈이었다. 몹시 미안했다. 하지만 개미들에게는 도리어 도움이 되는 일이었다. 굴은 막혀 버렸지만 내가 구멍을 파는 바람에 땅 속에 있던 이름 모를 애벌레가 땅 위로 나온 것이었다. 애벌레 둘레로 개미들이 몰려들기 시작했다. 애벌레는 꼼짝도 못 했다. 몸을 한껏 움츠리는 게 다였다. 개미들은 애벌레를 자기 집으로 가져가려고 막힌 굴을 다시 뚫기 시작했다. 이름 모를 애벌레는 개미의 먹이가 되고 말았다.

녀석들의 지루한 싸움이 벌어지는 동안 나는 자리를 뜰 수가 없었다. 마치 뭔가에 홀린 듯한 느낌이었다. 그리고 매미에게도 이런 무시무시한 천적이 있을지 모른다는 생각이 들었다. 그런데 복도에서 엄마가 빨리 들어오라고 고함을 질렀다.

"병규야! 빨리 들어오지 못하겠니?"

"아, 알았어요."

나는 건성으로 대답하고는 계속 관찰을 했다. 그 구멍에 매미 애벌레가 들어 있는 건 아닌 것 같았다. 하지만 신비한 곤충들의 세계를 훔쳐본 것 같아 가슴이 두근거렸다.

"이병규! 너 왜 이렇게 엄마 말을 안 듣니?"

드디어 엄마가 뜰로 나왔다.

"지금 막 들어가려는 참인데……."

집으로 돌아온 뒤, 난 마음이 편치 않았다. 나 때문에 개미 먹이가 되어 버린 이름 모를 애벌레 때문이다. 나는 집으로 돌아왔지만 애벌레는 돌아갈 집도 잃고 목숨도 잃었다. 난 밤새 악몽에 시달렸다. 꿈이라 다행이었지만, 천적인 개미에게 끌려가던 이름 모를 애벌레가 거대한 괴물이 되어 나를 괴롭혔다.

 ## 매미의 천적은?

매미도 평생 천적에 시달리며 살아갑니다. 알일 때는 '매미 알 좀벌'이 천적입니다. 이 벌은 암매미가 낳은 알 위에 알을 낳아 자기 애벌레들이 매미 알을 먹으며 자랄 수 있게 합니다. 알에서 갓 깨어난 애벌레일 때는 나무에서 떨어져 재빨리 땅 속으로 들어가야 합니다. 이 때 재빨리 땅 속으로 들어가지 못하면 개미, 두꺼비, 새들의 먹이가 될 수도 있습니다. 어른매미에게 가장 무서운 천적은 북방새나 박새처럼 곤충을 잡아먹는 새와 육식성인 거미, 사마귀 같은 녀석들입니다. 하지만 요즘에는 환경 오염 때문인지 매미의 천적이 그렇게 많지 않습니다. 그래서 매미가 급격히 늘어나고 있는지도 모릅니다.

생태계에는 잡아먹히는 동물과 잡아먹는 동물들의 관계인 먹이 사슬이라는 것이 있습니다. 먹이 사슬에 따라 각 동물들이 알맞게 존재할 때 생태계는 균형을 이룹니다. 하지만 천적이 사라져서 특별히 어떤 동물이 많아지면 생태계의 균형은 깨어지고 맙니다.

사마귀에게 잡아먹히는 매미

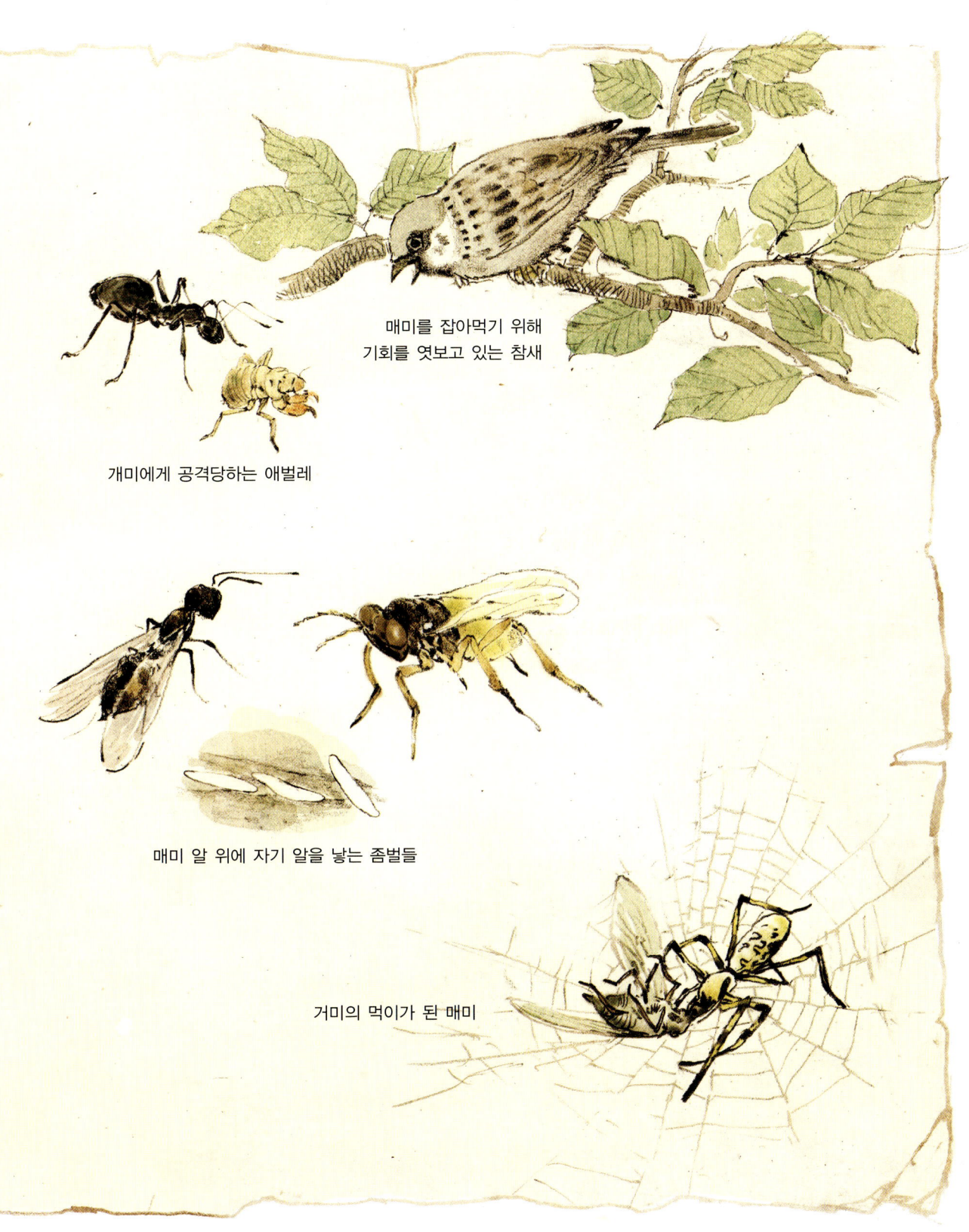

매미 애벌레를 쉽게 발견하는 법

첫째, 애벌레는 해질 무렵인 오후 5시에서 8시 사이에 땅을 뚫고 나와 기어 다닌다.

둘째, 풀이 없는 땅에서 기다려야 한다. 풀이 많으면 애벌레들이 쉽게 몸을 숨겨 눈에 잘 띄지 않기 때문이다.

셋째, 매미 허물이 많이 붙어 있는 나무 아래에서 기다려야 애벌레를 쉽게 만날 수 있다.

넷째, 서너 그루의 나무만이라도 꾸준히 관찰하면 언젠가는 애벌레를 만날 수 있다.

3. 날지 못하는 애벌레

8월 1일. 엉금엉금 기어가는 애벌레.

"흙이 묻어 있다는 것은 땅을 뚫고 나왔다는 증거야. 경비원 할아버지 말이 맞아."

매미 허물은 모두 흙이 묻어 있었다. 그러고 보니 할아버지 말처럼 큰 나무들 아래 새끼손가락만한 구멍들이 여러 개 있었다. 하지만 땅을 뚫고 나와 기어다니는 매미 애벌레는 찾을 수 없었다.

뜰 가운데쯤에 매미 허물이 가장 많은 나무를 자세히 관찰했다. 어제 낮에만 해도 허물이 2개밖에 없었는데 4개가 더 늘어났다. 내가 보지 못한 사이에 4마리가 껍질을 벗고 세상으로 나온 것이다. 그런데 가장 위쪽에 있는 껍질은 등이 갈라져 있지 않았다.

"혹시 아직 껍질를 벗지 않은 애벌레가 아닐까?"

좀더 지켜보고 싶었지만 빨리 집으로 들어가야 했다. 엄마의 불호령이

언제 떨어질지 모르기 때문이다. 저녁을 먹은 뒤 다시 뜰로 나왔다. 낮에 본 껍질 가운데 가장 위쪽에 있던 게 텅 비어 있었다.

"아깝다. 살아 있었던 게 분명해."

아주 좋은 기회를 놓쳐 버린 것이다. 엄마가 원망스러웠다. 엄마에게 눈도장만 찍으러 올라가지 않았어도 볼 수 있었는데…….

그런데 운좋게도 등이 갈라지지 않은 애벌레를 하나 더

발견했다. 아침부터 줄곧 뜰에 있었던 보람이 있
었다. 녀석은 등도 갈라지지 않았고, 온몸에 축
축한 흙이 묻어 있었다. 내가 가까이 다가갔는
데도 녀석은 움직이지 않았다. 나무 막대기로
살짝 건드려 보았는데도 반응이 없었다. 그래서
툭툭 쳐 보았다.

"아이구!"
　나는 놀라서 풀밭에 주저앉을 뻔했다. 애벌레가 갑자기 움직이기 시작한
것이다. 내가 처음으로 발견한 살아 움직이는 애벌레였다.
　애벌레를 관찰하는 사이에 해가 져서 어두워졌다. 그래서 손전등을 켰다.
그 순간 놀라운 광경이 펼쳐졌다. 그렇게 찾아도 보이지 않던 애벌레들이
한꺼번에 나타나 어디론가 가고 있었다.
　"할아버지 말이 맞았어. 애벌레들은 해질녘에 움직이는 거야."
　분명히 나무에 오르려는 것이다. 하지만 나무를 향한 진군은 산 너머 산
이었다. 조그마한 풀이나 돌 하나도 녀석들에게는 엄청난 장애물이었다.
풀잎을 타고 올라가 그 끝에 매달려 대롱대롱거리기도 하고, 꽤나 가파른
장애물에 도전하다가 뒤집어지기도 했다.
　아기들이 걷지 못하고 기어다니듯, 매미 애벌레도 어른매미와 달리 날지
못하고 엉금엉금 기어다녔다. 나무로 기어가는 동안 애벌레들은 무척 힘들
어했다. 처음에는 녀석들이 어디로 가고 있는지 몰랐지만, 나중에 보니 다
들 어떤 자리를 찾고 있는 것 같았다. 그 중 대부분은 나무 줄기에 기어 올
라갔다. 그러나 한 번에 올라가지 못하고 여러 번 쉬면서 조금씩 올라갔다.
애벌레가 쉬는 동안 개미 떼가 애벌레를 공격했다. 개미들은 쉬지 않고 애

벌레의 몸을 오르락내리락했다. 그래도 애벌레는 가만히 참고 있었다. 세상에 대한 두려움 때문인지, 툭 튀어나온 곁눈을 더욱 검게 반짝였다. 마치 엄마 없이 살아야 한다는 게 두려워서 그러는 것 같았다.

"병규야!"

"아유! 엄마는 꼭 이렇게 중요할 때 부른단 말이야."

조금만 더 기다리면 녀석들이 껍질을 벗고 나오는 걸 볼 수 있을 텐데……. 아쉽지만 어쩔 수 없었다.

 17년마다 되풀이되는 매미 떼의 반란

해마다 우리나라에 나타나는 매미 애벌레들은 대부분 땅 속에서 4~5년을 지낸 뒤 땅 위로 올라옵니다. 하지만 캐나다를 비롯한 북미 지역에는 해마다 나타나지 않고 13년 또는 17년마다 한 번씩 나타나는 매미가 있습니다. 이렇게 일정한 주기마다 나타나는 매미를 '주기매미'라고 합니다. 이 매미들은 자그마치 13년 또는 17년 동안을 땅 속에서 지낸 뒤 땅 위로 올라옵니다. 그래서 '13년매미' 또는 '17년매미'라고도 합니다. 이 주기매미들은 한 번 나타날 때면 엄청난 수가 한꺼번에 나타납니다. 2004년 4월, 워싱턴을 비롯한 미국 동부 지역에 수조 마리에 이르는 17년매미 떼가 한꺼번에 나타나 수많은 사람을 놀라게 한 일이 일어났습니다. 이 매미는 또다시 17년 동안 모습을 감춘 뒤 2021년에 어김없이 나타나 사람들을 깜짝 놀라게 할 것입니다.

4. 매미들의 손목시계

8월 3일. 어! 갈라진다, 갈라져!

뜰에 가로등이 켜졌다. 해가 져서 낮보다 시원해졌다. 나지막한 나뭇가지의 잎에 거꾸로 매달린 매미 애벌레를 발견했다. 손전등으로 비춰 보니 껍질 속에 어른매미가 들어 있는 것 같았다. 자세히 살펴보니 양쪽 겨드랑이 부분에 연두색의 덩어리들이 보였다. 아마도 날개인 것 같았다. 움직이지는 않았지만 뭔가 변화가 일어나고 있었다. 나는 땅바닥에 앉아 가만히 지켜보았다.

"이병규!"

어디선가 나를 부르는 소리가 들렸다. 가로등 불빛 쪽에서 나는 소리였다. 같은 반 상희였다. 상희는 나랑 같은 아파트에 산다.

"여기서 뭐 해?"

"집 안에만 있었더니 좀 더워서……."

"새 게임기 샀는데 한 판 할래?"

"아니야. 내일 보자. 나도 곧 들어갈 거야."

"새 게임기 샀다니까!"

"알았어. 어서 들어가. 좀 전에 너희 엄마가 찾는 것 같던데."

"우리 엄마 외갓집 가셨어."

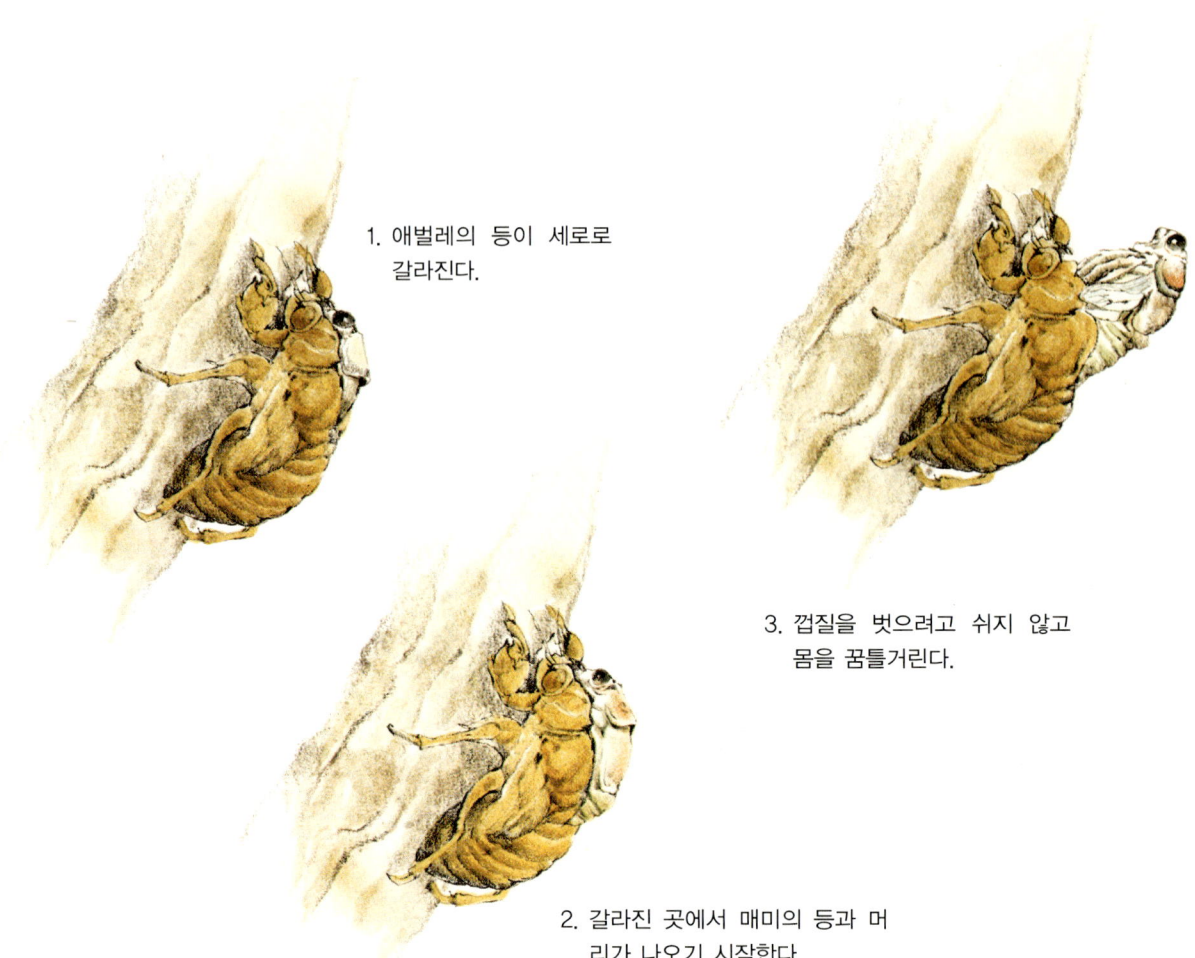

1. 애벌레의 등이 세로로 갈라진다.
2. 갈라진 곳에서 매미의 등과 머리가 나오기 시작한다.
3. 껍질을 벗으려고 쉬지 않고 몸을 꿈틀거린다.

"……"

나는 애벌레를 관찰하는 걸 누구한테도 들키고 싶지 않았다. 나 혼자만의 비밀로 간직하고 싶었다. 상희가 돌아간 뒤, 애벌레가 조금씩 움직이기 시작했다.

"갈라진다, 갈라져!"

나도 모르게 소리를 지르고 말았다. 볼록하게 튀어나온 등 가운데 부분이

4. 탈피가 반쯤 진행되면 몸을 뒤로 젖힌다. 그리고 잠깐 휴식을 취한 뒤 윗몸을 일으키면서 꼬리를 빼낸다.

6. 축축하고 쭈글쭈글한 날개는 불어오는 바람에 물기가 마르면서 길게 펴진다.

5. 껍질 속에서 젖어 있던 날개가 뭉쳐 있는 모습이다.

 세로로 갈라지더니 그 사이로 어른매미의 머리가 나오기 시작했다. 그 다음 등과 배가 차례로 모습을 드러냈다. 어른매미가 껍질을 벗고 나오는 모습은 마치 침낭에서 지퍼를 반쯤 열고 몸을 빼내는 것과 같았다. 등이 휘어진 녀석은 몸통의 나머지 부분을 껍질 밖으로 끄집어 내기 위해 여러 번 머리와 앞다리를 흔들었다. 껍질과 완전히 분리된 녀석은 앞다리로 껍질의 머리 부분을 잡고 매달렸다. 탈피는 끝났지만 다시 뭔가를 기다리는 것 같았다. 정말이지 이건 직접 보지 않으면 믿을 수 없는 광경이다. 주위를 둘러보았다. 집집마다 불이 켜져 있고, 가로등도 환하게 불을 밝히고 있었다. 하지만 애벌레가 껍질을 벗고 나오는 순간을 보는 사람은 오직 나 혼자뿐이었다.

껍질에 매달려 있는 동안 물에 젖어서 뭉쳐 있던 날개가 조금씩 마르면서 펼쳐졌다. 껍질을 다 벗고 나오는 데 1시간 반 정도 걸렸다.

"아니 매미 색깔이 뭐 이래. 매미는 검은색인데, 이 녀석은 똥색이네. 어떤 부분은 연두색이고. 이거 매미 맞아?"

믿을 수 없는 이상한 매미였다. 세상에 이런 매미도 있나 싶었다. 잠시 뒤 녀석은 껍질을 내팽개치고 나무 위로 기어 올라가기 시작했다. 이제 어른매미하고 똑같은 날개를 달게 되었지만 아직 날개를 쓰지는 못하는 것 같았다. 녀석은 금세 높은 곳으로 올라가 버렸다. 주위를 둘러보니 껍질을 벗고 아직 허물에 매달려 있는 녀석들이 있었지만 곧 자리를 뜰 것 같았.

집으로 돌아온 뒤, 나는 입이 근질근질했다. 내가 본 놀라운 광경을 누군가에게 말해 주고 싶었다. 엄마를 붙잡고 이야기했다.

"엄마, 있잖아요. 좀 전에 뜰에서 매미 애벌레가 껍질을 벗고 나오는 걸 봤어요. 얼마나 신기한지 몰라요."

"……."

엄마는 아무 말도 하지 않고 나를 쳐다봤다. 아무래도 내 말을 이해하지 못하는 것 같았다. 나는 매미 애벌레가 탈피를 하듯 몸을 구부려 가며 열심히 설명했다. 하지만 엄마는 내 말은 듣지도 않았다.

"왜 이렇게 엉뚱한 짓만 하고 다니니? 내일도 이렇게 늦게 들어오면 혼날 줄 알아. 알았어?"

"예."

나는 힘없이 대답했다. 상희에게도 알려 주지 않은 걸 엄마한테만 말해 줬는데…….
 그래도 오늘은 기분 좋은 날이다. 보고 싶었던 애벌레도 보았고 애벌레가 껍질을 벗고 나오는 모습도 보았기 때문이다. 매미 애벌레가 어른매미가 되기까지 그렇게 많은 고난과 시련을 겪어야 하는지 미처 몰랐다.

8월 6일. 한 가지 수수께끼.

텔레비전에서 자연 다큐멘터리를 볼 때마다 무척 신기했다. 어떻게 저런 장면을 찍었을까 하고 말이다. 하지만 곤충의 생태에 대해서 조금만 알고 나면 그게 그렇게 어려운 일도 아닐 것 같다. 처음 매미 애벌레가 껍질을 벗고 나온 걸 본 뒤, 나는 여러 번 똑같은 장면을 볼 수 있었다. 그리고 녀석들이 뚫고 나온 구멍도 수없이 발견했다. 그런데 한 가지 의문이 생겼다.

"이 녀석들은 왜 해질녘에만 나오는 거지? 게다가 탈피하는 시간도 비슷하잖아. 땅 속에서 약속이라도 하고 나오는 건가?"

며칠 동안 애벌레의 탈피를 관찰하면서 한 가지 공통점을 발견할 수 있었다. 매미 애벌레들이 땅을 뚫고 올라오는 시간이나 탈피를 시작하고 마치는 시간이 모두 비슷했다. 심지어 땅을 뚫고 올라와 일찍 자리를 잡은 애벌레나 한참을 헤매다 늦게 자리를 잡은 애벌레나 거의 비슷한 시간에 탈

 ### 생물 시계란?

동물이나 식물들도 일정한 시간에 규칙적으로 어떤 활동을 하는 경우가 있습니다. 이런 규칙적 활동은 외부의 원인 때문이 아니라 내부의 요인 때문이라고 합니다. 동식물들의 그런 활동을 '생물 시계의 작동'이라고 합니다. 이러한 행동은 날마다 반복되기도 하고, 해마다 같은 시기에 반복되기도 합니다. 그리고 꼭 반복되는 것이 아니더라도 한 종류의 동식물이 모두 같은 시간에 특정한 행동이나 성장의 변화가 생기는 경우에도 생물 시계의 작동이라고 합니다. 매미 애벌레가 모두 같은 시간에 탈피를 하는 것이 바로 이런 경우입니다.

그렇다면 매미 애벌레는 땅 속에서 어떻게 시간의 흐름을 알 수 있을까요? 미국의 과학자들이 어른매미가 되려면 아직 2년이 남은 매미 애벌레를 실험실로 가

피를 했다. 늦게 자리를 잡은 애벌레는 나무에 매달리자마자 허둥지둥 탈피를 시작했다. 꼭 시간을 맞추는 것 같았다. 마치 손목시계를 차고 다니면서 시간을 확인하고 친구들과 약속한 시간에 모두 함께 탈피를 하는 것처럼 말이다. 그래서 아빠한테 물어 보았다.

"아빠, 매미가 손목시계를 차고 있는 거 아닐까요? 그렇지 않고서야 어떻게 시간을 맞추겠어요?"

"매미 애벌레가 왜 그러는지는 잘 모르겠지만, 곤충들에게는 비슷한 시간에 같은 행동을 반복하는 성질이 있어. 이런 걸 바로 '생물 시계'라고 하는 거야."

"생물 시계요?"

아빠는 내가 쉽게 이해하지 못하자 여러 번 반복해서 설명을 해 줬다. 무슨 말인지는 잘 모르겠지만 꽤 멋있는 말인 것 같다.

져와서 나무 뿌리 밑에 넣어 주었다고 합니다. 그리고 그 나무가 1년에 꽃을 두 번 피울 수 있게 했습니다. 그랬더니 애벌레들은 아직 1년이 남았는데도 탈피를 하기 위해 땅 위로 기어 나왔답니다. 애벌레들은 나무 뿌리의 수액을 빨아먹으면서 살아갑니다. 그러므로 계절에 따른 나무 뿌리의 변화를 아주 잘 알 수 있습니다. 해마다 봄이 되면 나무는 꽃을 피우기 위해 당분과 단백질을 뿌리로부터 가져옵니다. 나무 뿌리에 붙어 있는 매미 애벌레는 나무의 이러한 생리적 변화를 파악해 계절의 흐름이나 시간의 흐름을 알게 되는 거지요.

5. 장대비가 쏟아지는 여름 밤

8월 7일. 빗속의 매미.

오늘도 해질녘에 껍질을 벗는 애벌레를 서너 마리 봤다. 어두워지자 갑자기 비가 내리기 시작했다. 여름 날씨는 변덕이 심하다. 조금 전까지만 해도 비가 내릴 것 같지 않았는데……. 비가 오니 밖에 나갈 수도 없고…….

나는 창문에 몸을 기대어 밖을 내다보았다.
"엄마, 비가 더 많이 와요!"
"그러니까 빨리 창문 닫아. 그러다 감기 걸릴지도 모르잖아."
 빗방울이 더욱 굵어졌다. 빗소리에 묻혀 들리지 않는 건지, 아니면 엄청난 빗소리에 겁을 먹은 것인지 매미 소리는 들리지 않았다. 당장이라도 내려가 빗속에서 이제 막 껍질을 벗은 연약한 매미들이 어떻게 지내는지 살펴보고 싶었다. 하지만 엄마 때문에 나갈 수가 없었다.

"아! 따분하다. 비가 그쳐야 매미를 볼 수 있을 텐데……."
"이번 장마는 길어질 것 같다던데……."
신문을 보시던 아빠가 한 마디 하셨다.
"아빠, 비가 오면 매미는 어떻게 살아요?"
"글쎄, 나뭇잎 뒤로 숨지 않을까? 그렇게 궁금하면 우산 쓰고 나가 보지 그러니?"
"이제 당신까지 매미 타령이에요? 그렇지 않아도 저 녀석 날마다 매미만

쫓아다니는데, 당신이 좀 야단도 치고……."

엄마는 매미 이야기를 꺼내는 것도 못마땅해하셨지만, 아빠는 겉으로 드러내지는 않아도 날 지지해 주셨다.

"당신도 참! 방학인데 애가 좀 나가서 놀기도 하고 그래야지."

"……."

엄마는 더 이상 아무 말도 하기 싫으신지 입을 다물고 말았다.

"병규야! 나가서 부침가루 좀 사 오너라. 이렇게 비가 오는 날은 부침개를 부쳐 먹는 거야. 당신도 괜찮지? 오늘은 내가 다 할 테니 당신은 가만히 앉아서 먹기만 해요."

"뭐……, 그러시던가요."

엄마는 아빠가 요리를 한다는 말에 금세 기분이 좋아졌다. 하지만 나는 이게 무슨 말인지 잘 안다. 아빠가 나에게 매미를 볼 수 있는 시간을 만들어 주신 거다.

비는 좀처럼 그칠 것 같지 않았다. 난 우산을 쓰고 뜰을 둘러보았다. 해 질녘에 껍질을 벗고 나오던 녀석이 가장 궁금했다. 녀석은 아직 그 자리를 떠나지 못하고 있었다. 어떻게든 비를 맞지 않으려고 발버둥을 치는 것 같았다. 굵은 빗방울이 잎을 두들길 때마다 나뭇잎은 심하게 흔들렸다. 녀석은 흔들리는 잎을 꽉 붙들고 안간힘을 쓰고 있었다. 조금 뒤 녀석은 바닥에 떨어져 물웅덩이에 빠지고 말았다. 나는 녀석을 건져 나무에 붙여 주었다. 하지만 너무 힘이 빠져서인지 다시 땅으로 떨어져 버렸다. 힘들게 껍질을 벗느라 온 힘을 쏟아부었는데, 나오자마자 굵은 빗방울에 이리저리 얻어맞았으니…….

'안 되겠다. 이 녀석은 데려가야겠어.'

녀석을 집으로 데려와서 조심스럽게 물기를 닦아 주고 나뭇가지와 함께 상자에 넣어 주었다. 녀석은 내가 넣어 준 나뭇가지에 기어오르려고 애를 썼다. 조금씩 움직이는 것을 보니 나도 기뻤다.

8월 8일. 오늘도 비가 내렸다.

일요일이라 일찍 일어나지 않아도 되는데 저절로 눈이 떠졌다. 창 밖을 내다보았다. 아직도 비는 내리고 있었다. 저녁도 아닌데 먹구름 때문에 밖은 어두웠다.

"도대체 비는 언제 그치는 거야!"

저녁때쯤 다시 상자 속을 들여다보았다. 매미의 색깔이 달라졌다. 어제는 껍질을 벗고 나온 지 얼마 되지 않아 황토색이었는데, 오늘은 까맣게 변했다. 그리고 갑자기 날개를 떨며 울음소리를 냈다.

"병규야! 제발 밖으로 날려 보내라. 시끄러워서 못 살겠다."

녀석이 울음소리를 내자 엄마는 시끄럽다며 매미를 밖으로 날려 보내라고 했다.

"이렇게 비가 오는데 어떻게 보내요!"

"여보! 그냥 놔 둡시다. 이렇게 비가 오는데 가엾잖아요."

역시 아빠가 거들고 나서야 일이 해결된다. 녀석은 끊임없이 날개를 움직였다. 빨리 바깥으로 보내 달라는 것 같았다.

"조금만 기다려라!"

매미가 내 말을 알아들을 리는 없지만 나는 작은 소리로 속삭였다. 녀석은 어젯밤까지만 해도 날개를 거의 쓰지 못했다. 하지만 오늘은 날아오를 수 있을 만큼 날개를 퍼덕거렸다.

이제 비만 그치면 될 것 같다.

6. 두 얼굴을 가진 여름비

> 8월 9일. 알 수 없는 '자연의 이치'

'어젯밤까지도 비가 많이 내렸는데, 녀석들이 괜찮은지 모르겠네.'
나는 학원에서도 줄곧 매미 생각뿐이었다. 매미를 관찰한 뒤부터 나도 어른이 되어 가는 것 같다. 그래서인지 학원에서 배우는 공부 따위는 시시해 보인다. 오히려 뜰에서 매미를 관찰하며 배우는 게 더 많을 것 같다.

6시가 되어서야 비가 그쳤다. 녀석들은 사흘 동안 내린 비에 앙갚음이라도 하듯 한꺼번에 울어 대기 시작했다. 이제 그저께 밤 빗속에서 구한 매미를 놓아 줄 때가 됐다. 상자를 들고 뜰로 나왔다. 녀석이 처음 앉아 있던 벚나무 앞으로 갔다.

"이병규!"

또 상희다. 상희는 아이스크림을 먹

으며 걸어오고 있었다. 상희는 매미를 보자 눈을 동그랗게 떴다.

"우와! 그거 잡은 거야?"
"잡은 거 아냐."
"그럼?"
"구해 준 거야."
"나도 한 마리만 주라!"
"이게 무슨 장난감인 줄 아니?"
"별것도 아닌 거 가지고 되게 뻐기네!"

나는 매미를 놓아 주었다. 매미는 퍼드덕거리며 몇 번 땅으로 곤두박질 치더니 날아올랐다. 잠깐 사이 녀석은 보이지 않는 곳으로 숨어 버렸다. 나한테 별로 고마워하는 것 같지도 않았다. 내가 목숨을 살려 줬는데……. 하지만 내 마음은 기뻤다. 곧바로 상희의 핀잔이 이어졌다.

"그걸 놓아 주면 어떡해?"
"그럼 가지고 있으면 어떡해?"
"어쨌든 잡은 거잖아!"
"아이스크림 녹는다. 빨리 먹어라."

나는 더 이상 매미에 대해서 상희한테 얘기하고 싶지 않았다. 상희가 돌아가자 나는 아파트 뜰을 이리저리 돌아다녔다. 지난 밤 걱정했던 일들이 눈앞에 펼쳐졌다.

'이럴 수가!'

나무 아래 여러 마리의 매미 애벌레들이 죽어 있었다. 껍질 속에서 몸통이 반쯤 나오다 죽은 녀석도 있었다. 녀석들의 죽음은 아무래도 비 때문인

듯했다. 죽은 매미 애벌레 둘레에는 개미들이 엄청나게 들끓고 있었다. 개미들은 죽은 애벌레 몸통 옆으로 흙을 돋우어 놓았다. 그래서 쉽게 오르락내리락할 수 있었다. 녀석들은 매미 애벌레의 배를 뚫어 그 안에 있는 것들을 조금씩 뜯어 굴로 옮기고 있었다. 죽은 매미 애벌레 주변은 개미들이 벌써 대규모 공사를 해 놓은 상태였다. 매미 애벌레와 가까운 곳에 여러 개의 굴을 만들어 쉽게 운반할 수 있게 해 놓은 것이다.

   날이 점점 어두워지고 있었다. 비가 그친 뒤라서 그런지 여태껏 보지 못한 달팽이가 여러 마리 보였다. 그냥 눈으로 볼 때는 별로 신기하지 않던 것이 돋보기로 두세 배 크게 보니까 외계인처럼 보였다. 그런데 뜰 여기저

기에 이상한 게 보였다. 꼭 내 주먹만한 크기의 진흙덩어리였다. 어떤 곳에는 수십 개의 진흙덩어리가 오밀조밀 모여 있었다.

"이게 뭐지!"

도무지 알 수 없는 것이었다. 나는 손전등을 켜고 자세히 살펴보았다.

"똥 앞에 앉아서 뭐하고 있는 거냐?"

경비원 할아버지였다.

"어, 할아버지 안녕하세요? 여기 똥 없어요."

"없긴. 거기 네 앞에 있는 진흙처럼 생긴 게 다 똥인데."

할아버지는 진흙덩어리를 가리켰다.

"이게 똥이에요?"

"더러운 게 아니니까 걱정하지 마라. 지렁이 똥은 농사짓는 데 아주 큰 도움을 주는 거야. 논에 지렁이가 많으면 아주 기름진 땅이 되지. 그러니 얼마나 고마운 동물이냐? 비가 오고 나면 뜰에 지렁이 똥이 늘어서 있었는데, 이제야 봤구나."

비가 많이 온 덕분에 뜰의 나무와 풀들은 생기가 넘쳤다. 그리고 달팽이, 지렁이에게도 여름비는 고마운 것인가 보다. 녀석들은 비가 오지 않으면 나오지도 않고 어딘가에 꼭꼭 숨어서 지내다가, 비만 오면 놀러 나온다고 한다.

여름비는 두 얼굴을 가지고 있나 보다. 지렁이나 달팽이에게는 생명력을 불어넣어 주고, 매미 애벌레에게는 죽음을 가져다 주니까. 사람들에게는 별것 아닌 환경 변화가 매미에게는 죽느냐 사느냐 하는 중요한 문제였다. 나는 땅바닥에 죽어 있는 매미 애벌레를 물끄러미 내려다보았다. 쏟아지는 빗속에서 살려고 몸부림쳤을 녀석의 고통이 느껴졌다.

애벌레가 어른매미가 되려면 땅 속에서 4~5년을 기다려야 한다. 그리고 땅 위로 올라와 겨우 15일 정도를 살다 죽는다. 그러니까 땅 위에서 사는 15일은 녀석들의 생애에서 최고의 시간인 셈이다. 하지만 이 애벌레들은 땅 위로 올라와 제대로 울어 보지도 못하고 죽어 버렸다. 매미 애벌레들은 땅 속에서 오늘 나갈까 내일 나갈까 기다리다가 날씨가 맑으면 저녁에 올라온다고 한다. 그런데 죽은 녀석들은 올 여름 날씨가 워낙 변덕스러워 제대로 판단을 못 하고 올라온 것 같다.

나무 위에서 매미들이 울기 시작했다. 매미들은 비가 그쳐 기쁜 마음에 울고 있었지만, 나는 죽어 버린 애벌레 때문에 울먹였다.

"이병규! 제발 엄마 말 좀 들어라. 왜 이렇게 밖으로만 도니?"

"……."

나는 아무 말도 하지 않았다. 오늘은 엄마도 무섭지 않았다. 눈물이 자꾸 흘렀다.

"왜 그래? 친구랑 싸웠니?"

"……."

나는 고개를 푹 숙이고 방으로 들어갔다. 계속 눈물이 났다. 조금 뒤 아빠가 방으로 들어오셨다.

"아빠, 비 때문에 매미 애벌레가 다 죽었어요."

아빠는 나를 껴안고 등을 토닥거려 주셨다.

"우리 병규가 이제 다 컸구나, 생명이 귀한 줄도 알고."

"근데 왜 매미만 죽어요? 개미하고 지렁이하고 달팽이는 하나도 안 죽었는데……."

"그게 바로 자연의 이치라는 거야."

 지렁이 똥의 비밀

비가 온 뒤 바깥에 나가 보면 지렁이가 눈에 많이 띕니다. 그리고 지렁이들이 곳곳에 쌓아 놓은 진흙 탑들도 쉽게 볼 수 있습니다. 진흙 탑들은 모두 지렁이의 꽁무니에서 나온 똥입니다. 지렁이는 나뭇잎을 갉아먹기도 하고, 흙을 파먹기도 합니다. 흙을 먹을 때는 흙 속에 있는 미생물만 먹고 나머지는 모두 배설하게 됩니다. 똥이라고 하면 덮어놓고 더럽다고 생각하지만, 지렁이 똥은 좋은 거름이 됩니다. 먼저 지렁이가 배설한 똥은 알갱이들 사이가 넓어 바람도 잘 통하고 물 빠짐도 좋습니다. 그리고 그 틈 사이에 물이 잘 보관되어 가뭄이 들어도 수분을

유지할 수 있습니다. 마치 구멍이 숭숭 나 있는 스펀지 속에 물이 하나 가득 숨어 있는 것과 같습니다. 지렁이 똥의 가장 큰 특징은 식물이 영양분을 바로 흡수할 수 있게 알갱이 구조로 되어 있는 것입니다. 그래서 식물의 성장에 직접 도움을 줍니다. 지렁이는 땅 속에서 가만히 있지 않고 땅 속을 마구 헤집고 다닙니다. 그래서 지렁이가 지나간 자리에는 굴이 생기게 됩니다. 이 굴도 식물이 성장하는 데 큰 도움을 줍니다. 굴로 들어오는 바람은 식물의 뿌리가 숨을 쉴 수 있게 해 주기 때문입니다.

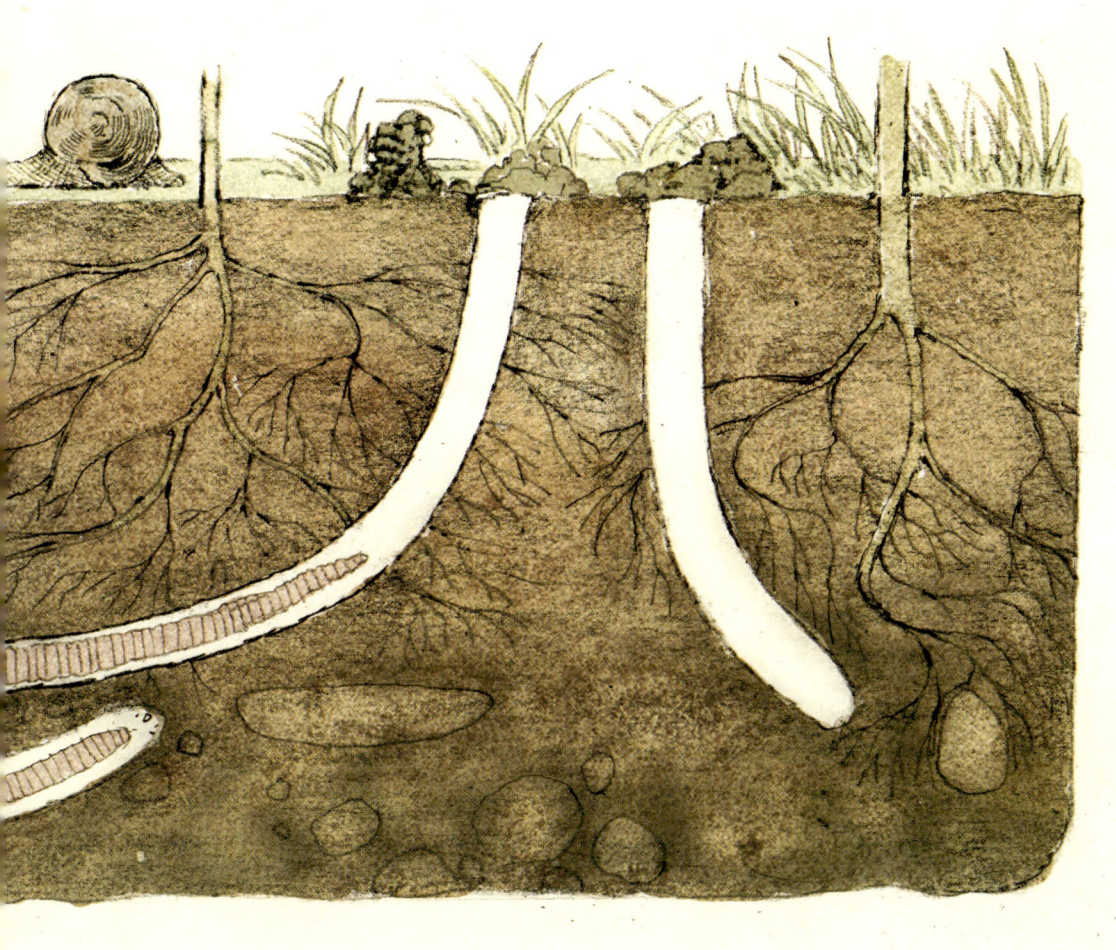

"그게 뭔데요?"

"글쎄, 그건 앞으로 계속 매미를 관찰하면 알게 될 거야."

'자연의 이치!'

자연의 이치라는 게 도대체 뭘까? 많은 비를 뿌려 수많은 매미를 한꺼번에 죽게 하는 게 자연의 이치라는 건가? 나는 도무지 무슨 말인지 알 수 없었다.

너무 많이 울어서 그런지 눈이 퉁퉁 부었다. 아침에 일어나 엄마 아빠를 보면 창피할 것 같다. 울고 나서 누굴 보는 건 굉장히 창피하다.

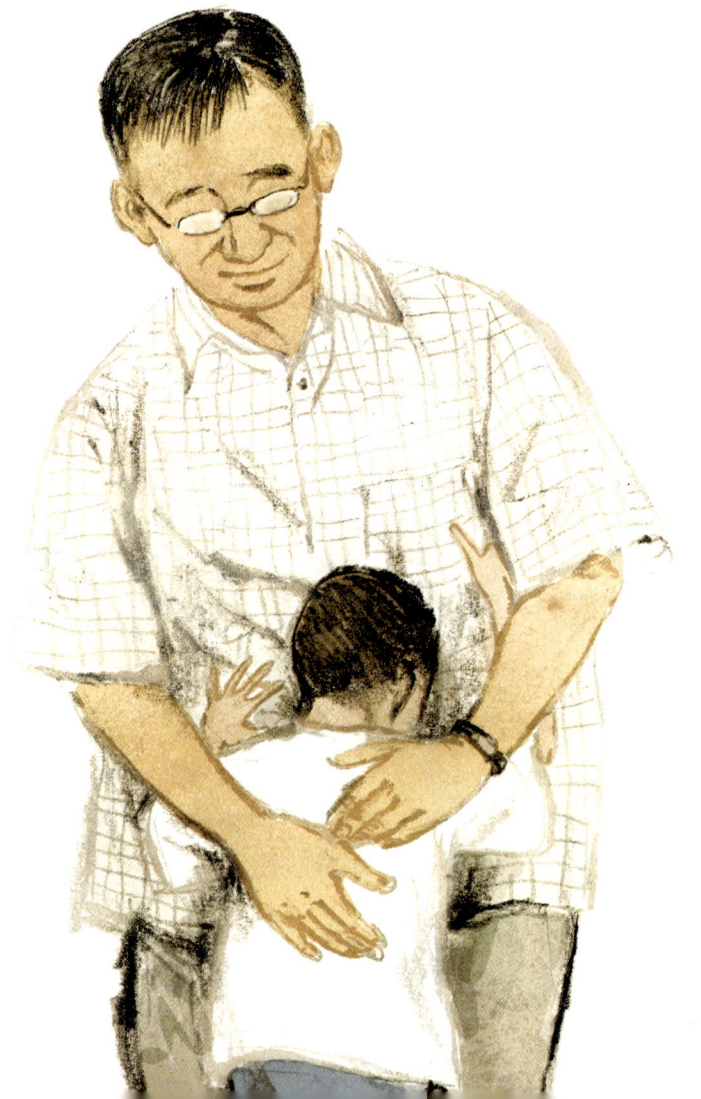

 물과 생명체

병규는 비 때문에 매미 애벌레가 죽었다며 비를 원망했지만, 물은 모든 생명의 뿌리입니다. 이 세상의 모든 생물체는 물에서 태어났으며, 물 없이는 어떤 생명체도 살 수 없습니다. 사람도 마찬가지입니다. 우리 몸을 구성하고 있는 물질의 70%는 수분입니다. 그래서 수분이 빠져나가면 목숨을 잃을 수도 있습니다.

일반적으로 물 속에는 각종 미네랄이 들어 있습니다. 칼슘이나 마그네슘과 같은 미네랄들은 동식물과 사람에게 아주 작은 양만 있어도 되는 원소입니다. 하지만 이게 모자라면 건강하게 살 수가 없습니다. 뿐만 아니라 생물에게 필요한 영양분을 몸 전체로 전달해 주는 일을 하는 것도 물입니다. 미네랄도 결국 물에 포함되어 있으며, 물과 함께 이동합니다. 동물의 경우, 물이 주성분인 혈액을 통해 각종 영양분이나 산소가 몸 전체로 이동합니다. 만약에 물이 없다면 이 세상은 어떻게 될까요? 개미 한 마리, 풀 한 포기도 살 수 없습니다. 물은 곧 생명의 시작입니다.

7. 오줌싸개 매미

> 8월 14일. 매미는 오줌싸개다.

하루하루 뜰에서 보내는 시간이 쌓이면서 나무 위 매미들이 점점 더 잘 보인다. 매미는 날아다니는 동물이지만 내가 보기에는 나무에 앉아 있기를 좋아하는 곤충이다.

'우와! 매미가 몽땅 모여 있네!'

벚나무 가지 위에 열 마리도 넘는 매미가 모여 있었다. 운이 좋은 날이다. 한꺼번에 이렇게 많은 매미가 몰려 있는 건 처음이다.

'정말 신기하다!'

나무에 무리지어 앉아 있는 녀석들을 계속 지켜보았다. 한참 지켜보고 있는데 저쪽에서 상희가 매미채를 들고 나무 주변을 서성거리고 있었다.

"이병규! 잘 만났다. 도대체 매미는 어디에 있는 거냐? 이렇게 시끄럽게 울어 대는데 내 눈에는 보이지 않는단 말이야."

상희도 나 때문에 매미에 관심을 갖게 된 듯했다. 상희는 내가 처음 매미를 관찰할 때 겪었던 어려움을 똑같이 경험하고 있었다. 매미채를 들고 나온 상희가 조금 우습기도 하고 걱정되기도 했다. 매미채를 휘둘러 대면 큰일이기 때문이었다. 나는 상희의 마음을 돌려놓고 싶었다.

"매미채로 잡을 거야?"

"응."

"그럼 가르쳐 줄 수 없어. 잡지 않는다고 약속하면 어디 있는지 가르쳐 주지. 잡아서 못 살게 굴며 가지고 노는 것보다 조용히 관찰하는 게 훨씬 재미있을걸. 내가 가르쳐 줄게, 빨리 약속해!"

"좋아! 약속할게."

"저기 나뭇가지를 봐. 보이지? 가만히 관찰해 봐. 정말 재미있을 거야."

"우와! 굉장히 많다."

상희와 함께 녀석들의 행동을 조용히 지켜보았다. 한동안 녀석들은 꼼짝도 않는 것처럼 보였다. 그런데 자세히 보니 열심히 뭔가를 하고 있었다.

나뭇가지의 맨 아래쪽에 가만히 있던 녀석이 가끔 배에 힘을 줘 꽁무니

끝으로 가느다란 물줄기를 쏘아 댔다. 방향도 뒤쪽이 아니라 옆쪽이었다.

"오줌 싸는 거야?"

상희가 물었다.

"응. 그런 것 같아. 며칠 전에 나무 줄기에서 오랫동안 움직이지 않는 매미를 봤거든. 혹시 죽었나 하고 나무를 흔들었지. 그랬더니 녀석이 퍼드득 날아가면서 냅다 오줌을 갈기는 거야."

나뭇가지의 중간쯤에 나란히 앉은 두 마리는 꽁무니를 치켜들었다 내렸다 했다. 참 재밌는 행동이었다. 그리고 아주 흥미로운 일이 일어났다. 빠르지 않은 걸음으로 나뭇가지의 아래위를 오르락내리락하던 녀석이 이따금 가만히 있는 친구의 등을 올라타는 것이다. 그러면 당하는 녀석은 싫다는 듯 앞발을 들어 상대를 밀어 냈다.

나는 매미의 나무 위 생활을 잘 몰랐다. 그래서 그런 행동들이 신기해 보였다. 그동안 나무 위에서 매미들이 어떻게 생활할까 무척 궁금했다. 그런데 오늘 그 비밀이 조금 풀리는 것 같다. 매미도 사람과 비슷한가 보다. 오줌도 싸고, 나하고 상희처럼 서로 다투기도 하니까. 그런데 조금 뒤 상희와 내가 데굴데굴 구르며 웃을 만한 재미있는 일이 일어났다.

조금 전 친구를 괴롭히던 매미가 아래쪽으로 내려가 자리를 잡자, 당하기만 하던 매미가 갑자기 오줌을 갈겼다. 오줌은 다른 녀석의 머리에 그대

말매미
몸 길이는 4~4.8cm이다. 등은 윤기가 나는 검정색이고, 다리와 배에는 오렌지색 무늬가 있다. 6월 말에서 9월 초 사이에 볼 수 있다.

참매미
몸 길이는 3.3~3.7cm이다. 등 쪽에 녹색 무늬와 하얀 반점이 있고, 배에는 은색의 가는 털이 있다. 7월 초에서 9월 중순 사이에 볼 수 있다.

로 맞았다. 마치 조금 전에 자기를 괴롭히던 녀석에게 앙갚음이라도 하려는 것 같았다.

"큭! 크윽……."

상희와 나는 나무 위를 쳐다보며 소리죽여 웃고 말았다.

오줌이야 마려워서 누는 거겠지만, 때로는 자기를 보호하는 수단으로도 사용하는 것 같다. 그렇다면 지난번에 날아가면서 나에게 오줌을 갈겼던 녀석도 내가 자기를 해치려는 줄 알고 그런 것일까?

애매미
몸 길이는 2.6~3cm이다. 검정색 바탕에 군데군데 녹색 무늬가 퍼져 있다. 암컷은 산란관이 꽁무니 바깥으로 삐져나와 있다. 7월 초에서 9월 초 사이에 볼 수 있다.

털매미
몸 길이는 2~2.8cm이다. 등 쪽에 W자 모양의 녹색 또는 주황색이 있다. 앞날개에는 갈색이나 회색 얼룩무늬가 있고, 뒷날개는 검정색이다. 6월 중순에서 9월 초 사이에 볼 수 있다.

    해가 지고 나서 아주 신기하게 생긴 녀석을 발견했다. 그 동안 내가 본 매미는 대부분 크고 억세게 생긴 말매미였다. 그런데 이 녀석은 아주 작고 연약해 보였다. 이제 막 껍질을 벗고 나온 애매미 같았다. 녀석은 탈피를 마치고 몸과 날개를 말리고 있었다. 사진으로 애매미를 본 적은 있지만 실제 애매미를 본 건 처음이다. 그 신기한 모습에 나는 자리를 뜰 수가 없었다. 그런데 엄마가 나를 찾으러 나오셨다.

"빨리 밥 먹어라."

"엄마! 이것 좀 보세요. 신기하죠?"

나는 밥 먹으라는 엄마 말에는 대답도 하지 않은 채 사철나무에 매달려 있는 애매미를 가리켰다. 애매미를 보자 엄마도 신기해했다.

"이게 뭐야? 연두색이네."

엄마는 나보다 30년은 더 살았지만 이런 걸 본 적은 없는 것 같았다.

"엄마! 조금만 더 있다 저녁밥 먹으면 안 돼요?"

한동안 매미를 물끄러미 바라보고 있는 엄마를 등 뒤에서 슬쩍 껴안으며 물어 보았다. 그러자 엄마는 잊고 있었다는 듯 다시 말을 꺼냈다.

"제발 밥 먹는 시간만큼은 좀 지켜 줘. 엄마도 힘들다."

"그럼, 밥 먹고 올 테니까 엄마가 이 녀석을 지켜보고 계세요. 도망가게 하면 안 돼요."

엄마는 잠깐 머뭇거렸다.

"이병규! 밥보다 매미가 더 중요하니?"

그래도 엄마 목소리는 며칠 전보다 훨씬 누그러져 있었다. 엄마도 속으로는 애매미 녀석을 좀더 자세히 보고 싶은 마음이 있었는지도 모른다. 나는 몇 번이나 뒤를 돌아보면서 집 안으로 들어왔다. 밥을 다 먹는 데 10분도 채 걸리지 않았다. 다시 엄마가 있는 곳으로 갔다. 경비실을 지나 엄마가 보이는 곳에 이르자, 엄마가 고함을 쳤다.

"병규야, 빨리 와! 빨리!"

애매미에게 무슨 일이 생긴 것 같았다. 혹시 도망가려고 하는 것은 아닌지 걱정이 되어 뛰어갔다. 엄마의 표정은 놀라움으로 가득 차 있었다.

"병규야, 이 녀석이 꽁무니로 물총을 쏘더라. 아마 한 바가지는 나왔을 거야!"

"엄마, 그건 물총이 아니라 오줌 누는 거예요. 매미가 얼마나 오줌을 많이 누는데요."

나는 도무지 신기할 게 없다는 듯이 말했다. 엄마와 나는 쪼그려 앉아서 녀석이 다시 오줌 누기를 기다렸다. 조금 뒤 꽁무니에서 물줄기가 뿜어져 나왔다. 녀석이 한 번에 싼 오줌의 양은 적어도 제 몸집의 $\frac{1}{10}$ 정도는 될 것 같다.

"엄마, 이 녀석은 왜 이렇게 오줌을 많이 눌까요?"

"글쎄……. 아유, 배고프다. 빨리 가서 밥 먹어야겠다."

엄마는 대답하기 곤란하자 배가 고프다며 집으로 들어가 버렸다.

도대체 땅 속에서 뭘 먹었을까? 땅 속에 먹을 만한 게 있는 걸까? 뭔가를 먹지 않고서는 저렇게 많은 오줌을 눌 수 없을 텐데……. 매미를 관찰하는 시간이 늘어날수록 내 호기심은 커져만 간다.

8. 헌책방에서 만난 파브르 선생님

8월 15일. 먼지 쌓인 오래 된 책 한 권.

오늘은 일요일이다. 일요일이면 우리 식구는 모두 늦잠을 잔다. 11시쯤 아침을 먹었다. 특별히 바쁜 일도 없는데 아빠는 서둘러 밥을 드셨다.
"병규야! 오늘 헌책방에 같이 가자."
아빠는 무슨 책을 사든 새 책은 잘 사지 않는다. 그래서 시간이 날 때마다 헌책방에 들르곤 한다.
아빠랑 버스를 타고 청계천으로 갔다. 버스에서 내리자 온갖 만물상들이 늘어선 거리가 나왔다. 누가 쓰다 버린 텔레비전, 도저히 사진이 찍힐 것 같지 않은 고물 사진기, ……
"아저씨, 이거 사진 안 찍히는 거죠?"
나는 만물상 아저씨에게 물어 보았다.
"예끼, 이 녀석아. 찍히는 거니까 파는 거지."
"에이, 이렇게 고물인데요?"
아저씨는 내가 믿지 않자 직접 사진기를 작동시켰다.
"찰칵!"
놀랍게도 사진이 찍혔다. 내가 보기에는 아무도 사지 않을 것 같은 낡고 오래 된 사진기였는데……

아빠 손을 잡고 온갖 물건을 구경하며 길을 걸었다. 길을 쭉 따라가자 헌책방이 다닥다닥 붙어 있는 곳이 나왔다. 아빠는 단골집인 헌책방으로 들어갔다. 좁고 어두운 가게 안에 낡고 오래 된 책들이 산더미처럼 쌓여 있었다. 사다리를 타고 지하로 내려가자 또다시 엄청난 책들이 쌓여 있었다. 난 도저히 믿어지지 않았다. 이런 곳에서 책을 팔다니…….

"아빠, 여기 책방 맞아요?"

"그럼! 잘만 찾으면 좋은 책들을 아주 싼 값에 살 수 있어."

아빠는 대충 자리를 잡고 책을 고르기 시작했다. 난 만화책이 쌓여 있는 곳으로 갔다. 책을 구경하다가 유달리 누렇게 색이 바랜 채 먼지를 뒤집어

파브르 선생님이 들려주신 이야기

매미 입은 가느다란 대롱처럼 생겼습니다. 매미는 이 대롱을 나무 줄기에 박아 나무의 수액을 빨아먹고 삽니다. 이렇게 매미가 수액을 빨아먹고 있으면 방해꾼이 나타납니다. 신선한 나무 수액 냄새를 맡고 나타난 개미, 파리, 말벌, 집게벌레 들이 매미를 괴롭히는 거지요. 나무 줄기에 박힌 매미 대롱을 타고 오르는 파리가 있는가 하면, 매미의 배와 등을 오르내리며 구멍을 차지하려는 개미도 있습니다. 매미는 어떤 일이 있어도 꾹 참지만, 더 이상 안 되겠다 싶으면 녀석들에게 구멍을 내어 준다고 합니다.

그럼, 나무 수액에는 어떤 영양분이 들어 있을까요? 수분 말고는 별다른 영양분이 들어 있지 않습니다. 그래서 매

쓰고 있는 책 한 권을 발견했다.

『파브르 곤충기』

나는 냉큼 책을 집어들었다. 책장을 넘기자 곤충에 관한 놀라운 이야기들이 실려 있었다. 난 책에서 눈을 뗄 수가 없었다. 150년 전, 파브르 선생님이 매미를 관찰하던 이야기도 실려 있었다. 마치 내가 올여름 뜰을 헤매며 관찰하던 이야기 같았다.

집으로 돌아오자마자 『파브르 곤충기』를 뒤지기 시작했다. 나는 책을 읽는 동안 매미들이 무엇을 먹고사는지 그 궁금증을 풀 수 있었다.

미는 나무 수액을 많이 먹어야만 겨우 몸을 유지할 수 있습니다. 더구나 빨아들인 나무 수액 가운데 몸으로 흡수하는 건 아주 적으며 나머지는 모두 몸 밖으로 내보내게 됩니다. 그래서 많은 양을 자주 먹어야 겨우 목숨을 유지할 수 있습니다. 이렇게 많은 양의 나무 수액을 먹기 때문에 매미의 오줌은 양도 많고 오줌을 누는 횟수도 많아지는 것입니다.

9. 천덕꾸러기들의 울음소리

8월 21일. '도심 매미 천덕꾸러기'

모든 사람들이 나처럼 매미를 좋아하는 건 아니었다. 아침 일찍 잠옷 차림으로 신문을 보시던 아빠가 나를 불렀다.

"병규야! 아빠랑 신문 보자."

"싫어요! 글씨가 너무 작아요. 전 신문만 보면 머리가 아프단 말이에요."

아빠는 무슨 재미로 신문을 읽는지 모르겠다. 글씨도 작고 어려운 말도 많은데…….

"후회할걸! 신문에 매미 이야기가 나왔는데……."

나는 읽던 만화책을 팽개치고 마루로 뛰어나갔다.

"아빠, 어른들도 매미 좋아해요?"

나는 아빠에게 물었다. 어른들은 매미에 별로 관심이 없는 것 같던데 왜 신문에 나왔을까? 내가 관심을 갖고 있는 이야기가 신문에 나왔다니 신기했다.

"글쎄, 시끄럽다고 하는 사람들도 있을 거야."

나는 깨알 같은 신문 기사를 읽은 뒤 마음이 어두워졌다. '도심 매미 천덕꾸러기'라는 제목부터 마음에 들지 않았다. 기사 내용은 매미 소리 때문에 많은 사람들이 밤잠을 설치고 있다는 것이다. 그래서 매미 소리가 소음

××××년 ×월 ×일

더깨알신문

시끄러워서 못 살겠다!

밤낮으로 울어 대는 매미 소리 때문에 많은 시민들이 큰 불편을 겪고 있습니다. 회사원 귀아퍼씨(32)…

어 대는 매미 소리 때문에 가 아플 정도…

깨알신문

○○○○년 ○월 ○일

제발 낮에만 울어라!

지난 17일 서울 반포동에 사는 잠설쳐군(11)이 땀을 뻘뻘 흘리며 서초구청을 찾았다. 잠설쳐군이 구청을 찾은 까닭은 매미 소리 때문이다. "시끄

리 때문에 날마다… 요." 하지만 구청…

왕특종 기자

△△△△년 △월 △일

매미 소리, 환한 불빛 때문

요즘 매미들은 낮뿐만 아니라 밤에도 쉬지 않고 울어 댑니다. 꿈틀이연구소의 불좀꺼 박사(58)는 "매미가 밤에도 우는 건 대낮처럼 환하게 켜져 있는 가로등이나 아

파트 단지 불빛 때문에 낮과 밤이 헷갈리기 때문 …

캐물어 기자

공해와 마찬가지란다.

나는 밖으로 나와 뜰로 갔다. 사방에서 울어 대는 매미 소리에 내가 파묻힐 지경이었다. 마치 마이크에 대고 우는 것 같았다.

나는 아이스크림 두 개를 사들고 아파트 경비실로 갔다. 하나는 경비원 할아버지한테 줄 거다. 할아버지는 선풍기를 틀어 놓고 꾸벅꾸벅 졸고 계셨다.

"할아버지!"

할아버지는 깜짝 놀라 눈을 뜨더니,

"어, 그래. 매미 왔구나."

"할아버지도 참, 매미가 뭐예요? 저 병규예요."

"이 녀석아, 너 이 아파트에서 유명해진 거 몰라? '매미 소년'이라고……. 허구한 날 매미만 쫓아다니니까 그렇지."

내가 매미를 쫓아다니는 걸 어떻게들 알았지……. 나는 아이스크림을 내밀며 얼른 말을 돌렸다.

"더우시죠? 아이스크림 드세요."

나는 할아버지와 함께 아이스크림을 먹으며 매미 이야기를 나누었다.

"사람들이 매미를 싫어하나 봐요?"

"그렇겠지. 저렇게 악착같이 울어 대니 좋아할 사람이 있겠어. 내가 시골에서 서울로 올라온 지 10년쯤 되는데 말이야. 그러니까 서울에서 여름을 열 번쯤 난 거지. 그런데도 이놈의 매미 소리하고는 친해질 수가 없어. 보통 시끄러운 게 아니야. 잠을 잘 수가 없어."

"에이. 아까 보니까 잠만 잘 주무시던데요?"

"그, 그거야 피곤해서 그런 거지. 너도 할아버지처럼 나이를 먹어 봐라, 이 녀석아. 자고 나면 어깨가 쑤시고, 또 자고 나면 다리가 욱신거리고 그럴 테니……."

할아버지는 어쩔 줄 몰라 하며 말을 조금 더듬더니, 여기저기 아프지 않은 데가 없다며 딴 소리를 했다.

"그런데 말이야. 내가 시골에서 들었던 매미 소리하고 요즘 서울에서 듣는 게 좀 다르단 말이야. '맴맴맴' 하고 울던 옛날 매미 소리에 비하면 저 소리는 정말 지겨워."

경비실에서 나와 매미 울음소리에 귀를 기울여보았다. 자세히 들어 보니 여러 가지 울음소리가 섞여 있었다. 예전에는 매미 소리는 그냥 매미 소리라고만 생각했는데…….

'매에에에'

가장 흉내내기 쉬운 말매미 소리다. 말매미는 1~2분 동안 같은 높이의 소리를 계속해서 낸다. 말매미는 무리를 지어 한꺼번에 우는 버릇이 있다. 멀리서 친구들의 울음소리가 커지기 시작하면 모두들 따라서 운다. 울음을 그칠 때도 친구들의 울음소리가 잦아들기 시작하면 따라서 울음을 그친다.

참매미 울음소리는 말매미와 좀 다르다.

'맴맴맴맴'

참매미는 '맴맴맴맴' 하고 울다가 마지막에 희한한 소리를 한 번 지르고 울음을 그친다.

애매미는 새 소리와 거의 비슷하다. 리듬도 아주 다양하다.

'쪼르르 쪼르르 숙숙'

 도시의 점령군 '말매미'

매미 소리는 도심지에서 들을 수 있는 가장 시끄러운 소리라는 주장이 있습니다. 도심지 주택가 소음 기준치가 50~60데시벨(dB)이라고 하는데, 매미가 한창 울어 댈 때는 그 소리가 70~80데시벨(dB)을 넘는다고 합니다. 이것은 평균 소음이 60~70데시벨(dB)인 건설 현장의 소음보다 더 시끄러운 소리입니다.

우리나라에 살고 있는 매미는 참매미, 말매미, 애매미, 쓰름매미, 유지매미, 털매미, 늦털매미를 비롯해 여러 종류가 있습니다. 이 가운데 가장 시끄러운 소리를 내는 건 말매미입니다. 사람들이 매미 소리를 시끄럽다고 여기는 것도 대부분 말매미 때문입니다. 말매미 소리는 울음소리에 리듬이 있는 다른 매미들과 달리 사이렌 소리처럼 길게 이어져 무척 시끄럽습니다. 더구나 한 마리가 울면 주변에 있는 다른 말매미들도 모두 따라 울기 때문에 더욱 시끄러워집니다.

애매미 소리는 흉내내기도 힘들다. 애매미는 다른 매미에 비해 몸집은 작지만 울음소리는 참매미나 말매미에 뒤지지 않는다.

내가 보기에 우리 동네에는 말매미가 가장 많다. 말매미 소리는 매미 중에서 가장 크고 시끄럽다. 사람들이 매미 소리를 싫어하는 것도 모두 말매미 때문일 것이다. 그리고 경비원 할아버지가 시골에서 들었던 매미 소리는 아마 참매미나 애매미 울음소리인 것 같다. 그런데 우리 동네에는 왜 이렇게 말매미가 많은 것일까?

저녁을 먹은 뒤 인터넷으로 매미를 검색해 보았다. 매미 울음소리에 관한 신문 기사가 많이 올라 있었다.

'매미들아 잠 좀 자자'
'매미 때문에 죽을 맛'

말매미는 본디 동남아시아 아열대 기후에서 주로 분포하는 남방 계열의 매미입니다. 우리나라로 치면 따뜻한 제주도에나 있을 법한 매미죠. 그런데 1990년대 중반부터 도심지의 기온이 올라가 서식지가 우리나라 전역으로 확산되었습니다. 말매미는 이름처럼 몸집이 크고 울음소리도 다른 종에 비해 아주 크며, 번식력과 생명력도 강한 편입니다. 이런 강한 번식력과 생명력을 바탕으로 생활공간과 먹이가 제한되어 있는 도시에서도 수를 늘릴 수 있었던 것입니다. 옛날과 달리 사람들이 매미 소리가 시끄럽다고 느끼는 것은 도심지에 말매미의 수가 급격히 늘어났기 때문일 것입니다.

'매미 너마저……'
'시원한 매미 소리도 이젠 천덕꾸러기'

물을 마시려고 나갔더니 마침 마루에서 잠을 자던 엄마가 몸을 일으키며 말했다.
"매미 소리 때문에 잠을 잘 수가 없네!"
엄마도 매미 소리 때문에 쉽게 잠을 이루지 못하는 것 같다. 나는 창문 곁에 서서 한참 동안 뜰을 내려다보았다.
'이 녀석들은 잠도 없나!'
해가 있는 낮에만 운다는 매미지만 밤에도 대낮처럼 시끄럽게 운다. 아마 사람들이 켜 놓은 가로등 때문에 대낮으로 착각하는 것 같다. 그렇지만 매미가 무슨 잘못인가. 울음소리 때문에 매미를 천덕꾸러기로 취급하다니. 하긴 나도 매미를 관찰하기 전에는 매미 소리 때문에 여름을 싫어했다.
지금도 매미들은 쉬지 않고 울어 댄다. 오늘밤에도 녀석들은 나보다 늦게 잘 셈인가 보다.

10. 알 낳는 매미

8월 25일. 침입자가 나타났다!

'이 녀석들 볼 수 있는 날도 며칠 안 남았구나!'
 이제 곧 가을이 다가온다. 그리고 며칠 있으면 방학도 끝난다. 오늘은 매미들의 나무 위 생활을 가까이서 관찰해 볼 생각이었다. 그래서 누가 뜰에 내다 놓은 헌 책상을 사다리 대신 쓰기로 했다. 책상을 딛고 올라가니 매미가 훨씬 잘 보였다. 그런데 이상한 행동을 하는 말매미 한 마리가 있었다.
 "이 녀석 지금 뭐 하는 거지?"
 녀석은 꽁무니를 꼼지락꼼지락하고 있었다. 보통 꽁무니를 움직일 때면 울음소리가 나는데, 녀석은 울음소리도 내지 않았다. 나는 고개를 갸우뚱거렸다.
 그 때 벙거지 모자를 쓰고 사진기를 든 낯선 아저씨가 나타났다. 아저씨는 사진기를 땅바닥에 가까이 대고 뭔가 열심히 찍고 있었다. 식물이나 곤충을 찍는 것 같았다.
 '도대체 여기서 뭐 하는 거지?'
 기분이 나빴다. 아파트 뜰은 내 거나 다름없다. 내가 여름 내내 공들여 관찰해 왔기 때문이다. 그 순간 아저씨와 눈이 마주쳤다. 가슴이 떨렸다.
 '이거 도망갈 수도 없고, 참!'

모처럼 매미의 새로운 행동을 발견했기 때문에 자리를 뜰 수도 없었다. 나는 모르는 척하기로 했다. 그런데 아저씨가 내 곁으로 다가왔다.

"거기서 뭐 하니? 나무 위에 뭐 신기한 거라도 있어?"

"아무것도 아니에요."

난 퉁명스럽게 대꾸했다. 하지만 아저씨는 나한테 물어 보지도 않고 내가 딛고 있는 책상 위로 올라왔다. 아저씨가 올라오자 책상이 흔들렸다. 나는 중심을 잃을 뻔했다. 그래서 떨어지지 않으려고 나뭇가지를 붙잡았다.

"앗! 가지 건드리면 안 되는데……."

다행히 매미는 날아가지 않고 있었다. 보통 때는 숨을 죽이며 다가가도 날아가 버리던 녀석이 오늘은 어쩐 일인지 가만히 있었다. 나는 아저씨에게 날카롭게 쏘아붙였다.

"아저씨 때문에 날아갈 뻔했잖아요."

"어! 매미가 알을 낳고 있잖아."

"뭐라고요? 알을 낳고 있는 거예요?"

처음 보는 이상한 행동이 알을 낳고 있는 것이었다니……. 나는 깜짝 놀라고 말았다.

"꽁무니 쪽을 자세히 봐. 아랫배 부위에 가느다란 바늘이 있을 거야."

돋보기를 꺼내 가까이 대고 들여다봤다.

"그런 걸로 봐서 잘 보이겠니? 잠깐만 기다려 봐."

산란관

　아저씨는 삼각대를 펴고 커다란 사진기를 고정시켰다. 그리고 가방에서 커다란 렌즈를 꺼내 사진기에 끼웠다.
　"이걸로 보면 아주 잘 보일 거야. 돋보기를 그렇게 가까이 대고 보면 알 낳는 걸 방해할 수도 있을 테니까."
　사진기로 들여다보니 훨씬 잘 보였다. 녀석은 길쭉한 바늘을 나뭇가지 속으로 비스듬히 박아 넣고 있었다.
　"아저씨, 저 바늘이 뭐예요?"
　"그건 산란관이야. 그러니까 알을 낳는 기관이지."
　산란관을 박아 넣는 모습은 꼭 나무의 수액을 빨기 위해 기다란 입을 나뭇가지에 박아 넣는 것과 비슷했다. 매미는 6개의 다리로 몸을 고정시키고 여러 번 힘을 써 가며 조금씩 산란관을 나뭇가지에 박아 넣었다. 산란관을 어느 정도 박아 넣자 꽁무니를 부르르 떨기 시작했다. 그리고 나뭇가지에 박혀 있던 산란관이 조금씩 바깥으로 빠져나왔다.

"아저씨, 꽁무니를 부르르 떨고 있어요. 왜 그러는 거예요?"

"뱃속에 있는 알을 산란관을 통해 밖으로 밀어 내는 거야. 산란관으로 나뭇가지를 뚫어 깊숙한 구멍을 만든 다음, 안쪽에서 바깥쪽 방향으로 알을 쌓는 거지. 그러니까 알은 나뭇가지에서 산란관을 조금씩 빼낼 때 나오는 거야."

매미는 산란관을 빼낸 뒤 옆으로 자리를 옮겼다. 녀석은 다시 산란관을 나뭇가지에 박아 넣기 시작했다. 그리고 잠시 뒤 산란관을 빼냈다. 산란관을 빼내는 데 1분 정도 걸렸다.

내가 본 모든 것이 믿어지지 않았다. 누구든 붙잡고 내가 바로 매미가 알 낳는 것을 본 사람이라고 말하고 싶었다.

벙거지 모자를 쓴 아저씨와 시원한 음료수를 사 먹으러 가게로 갔다.

"아저씨, 이 세상에서 매미가 알 낳는 걸 본 사람이 몇 명이나 될까요?"

"몇 명 안 될걸! 너, 혹시 매미 소년 아니니?"

"어! 아저씨가 그걸 어떻게 알아요?"

"이 녀석아, 이 아파트에서 너 모르는 사람 없어."

"그런데 아저씨는 뭐 하시는 분이에요?"

"내 이름은 최동환이야. 우리 악수나 한번 하자. 안 그래도 어떤 녀석인지 궁금했는데. 앞으로 형이라고 불러야 한다."

나는 어깨가 으쓱해졌다. 내가 그렇게 유명한 사람인가! 나는 동환이 형과 악수를 했다.

"형은 뭐 하는 사람이에요? 곤충 박사예요?"

"곤충 박사는 아니야. 나도 이 아파트에 살고 있어. 농생물학과에 다니는 대학생이야."

"농생물학과가 뭐예요?"

"농사를 짓는 데 해로운 동물이나 곤충이 뭔지 알아 내서 농작물의 피해를 막는 방법을 연구하는 거야. 그러기 위해서는 곤충이나 동물에 대해서 파브르 선생님만큼 많은 걸 알고 있어야 해."

"우와, 멋있다! 그럼, 형도 매미 좋아해요?"

"내가 초등학교 4학년 여름 방학 때 말이야……."

"어! 저도 4학년이에요."

나는 어떻게든 형과 비슷한 점을 찾고 싶었다. 형처럼 멋있는 사람이 되고 싶기 때문이다. 형은 내 머리를 쓰다듬어 주었다.

"곤충 한 가지를 정해서 관찰 일기를 쓰는 게 방학 숙제였어. 그 때 처음으로 매미가 탈피하는 것을 보게 되었지. 무척 신기해서 그 때부터 매미를 좋아하게 됐어. 가장 기억에 남는 게 탈피하는 거하고 짝짓기였어."

"정말이에요? 저도 짝짓기하는 거 보고 싶은데, 한 번도 못 봤어요. 어떻게 하는 거예요."

"대개 매미 두 마리가 꽁무니를 겹치고 있으면 짝짓기하는 중인 거야. 아주 쉽게 볼 수 있는데, 아직 못 봤구나."

"왜 내 눈에는 안 보이는 거예요?"

"곤충을 관찰하려면 마음을 조급하게 먹어서는 안 돼. 기다릴 줄 알아야 해. 그럼 어느 순간 눈이 확 밝아질 거야. 물론 운도 따라야지. 다음에는 꼭 볼 수 있을 거야. 나도 아직 알을 직접 보지는 못했거든. 기다리면 언젠간 볼 수 있겠지……."

나는 짝짓기하는 것을 봤다는 동환이 형이 무척 부러웠다.

"얼굴이 새까맣게 탔구나. 앞으로 매미를 관찰할 때는 이 모자 꼭 쓰고 다녀야 한다."

형은 쓰고 있던 벙거지 모자를 나에게 씌워 주고 가 버렸다. 형의 모자를 쓰자 나도 형 같은 곤충 박사가 된 기분이었다. 동환이 형이 가고 나서 나는 매미가 알을 낳은 가지에 끈을 묶어 놓았다. 앞으로 알을 관찰하려면 뭔가 표시를 해 둬야 할 것 같았다.

 ## 짝짓기는 언제, 어떻게 하는 것일까?

매미는 땅 위로 올라와 사는 동안 짝짓기를 하고 알을 낳아야 합니다. 수매미는 자기 주변에 암매미가 있으면 꽁무니를 치켜들며 애절하게 울어 댑니다. 구애의 노래를 부르는 거지요. 그리고 나서 수매미는 꼼지락꼼지락 기어서 암매미에게 다가갑니다. 이 때 암매미가 도망가지 않고 그 자리에 있으면 이들은 짝짓기를 시작합니다. 하지만 암매미가 날아가 버리면 수컷은 또다른 짝을 찾아 떠나야 합니다. 서로 사랑하게 된 암매미와 수매미는 꽁무니를 포개어 생식기를 결합시킵니다. 이 때 수매미의 정자가 암매미의 몸 속으로 들어가면 수정이 이루어집니다.

'알은 어떻게 생겼을까?'

집으로 돌아온 뒤 곤충 도감을 찾아보았다.

'알은 길쭉한 모양이고 색깔은 우윳빛이다.'

겨우 한 줄밖에 나와 있지 않았다. 나는 매미 알을 직접 눈으로 확인하고 변화하는 과정도 지켜보고 싶다. 하지만 어떻게 해야 할지 모르겠다. 알을 낳은 구멍 안으로 내 눈을 집어넣을 수도 없고……

이제 곧 여름 방학이 끝난다. 나는 다시 학교로 돌아가야 한다.

11. 기나긴 가을과 겨울

10월 어느 날. 매미 같지 않은 매미를 보았다.

여름이 끝나고 가을이 시작되었지만 나는 형이 준 벙거지 모자를 벗지 않았다. 추석이 가까워졌는데 아직도 우는 매미가 있다. 녀석은 '씨익 씩씩 씩씩' 하고 울었다. 아빠는 '늦털매미'라고 했다. 우는 건 전혀 매미 같지 않지만, 어쨌든 매미는 매미였다.

늦털매미
몸 길이는 2.3cm 정도이다. 생김새가 털매미와 비슷하지만 몸통이 좀더 굵고 뒷날개가 황색과 갈색으로 어우러져 있다. 털매미보다 늦게 나타난다고 해서 늦털매미라고 한다. 9월에서 10월 사이에 볼 수 있다.

> 11월 어느 날. 곰팡이를 뒤집어쓴 매미.

가을이 깊어지면서 나뭇가지 곳곳에 눈 부분이 하얗게 변한 매미들이 붙어 있다. 동상처럼 굳어 버린 죽은 매미들이다. 어떤 녀석은 흰색이나 녹색 곰팡이를 덕지덕지 뒤집어쓰고 있다. 그리고 애벌레들이 탈피를 하고 남겨 놓은 허물이 곳곳에 남아 있다. 나무에 붙어 있는 허물을 보니 꼭 여름 같았다. 하지만 이제 곧 겨울이 시작된다.

12월 어느 날. 알을 낳은 가지가 말라 죽었다.

　며칠 전 아침 뉴스에서 추운 날씨 때문에 수도관이 꽁꽁 얼어붙어 수돗물이 나오지 않는 집도 있다고 했다.
　아침에 눈을 뜨자 온 세상이 하얀 이불을 덮고 있었다. 밤새도록 하얀 눈이 소복소복 쌓인 것이다. 하지만 난 별로 기쁘지 않다. 추운 날씨 때문에 매미 알이 얼어 죽지나 않을까 걱정이 된다.

12월이 다 끝날 때까지 매미가 산란한 구멍들에는 아무 변화도 나타나지 않았다. 변화가 있는 것은 매미가 산란한 나뭇가지의 상태였다. 산란한 흔적이 있는 나뭇가지는 말라 죽어 버렸다. 난 겨울 내내 여름을 기다리며 동환이 형에게 곤충에 관한 여러 가지 이야기를 들었다.

12. 이듬해 봄, 드디어 매미 알을 보다

이듬해 4월 6일. 좁쌀만한 매미 알.

며칠 전부터 따뜻한 바람이 불기 시작했다. 이제 봄이 온 것이다. 지난여름 매미들이 떼지어 앉아 있던 나무가 눈에 띄었다. 나무에는 하얀 꽃들이 피었다.

"저게 바로 벚나무였구나!"

매미를 관찰하기 전에는 나무에 새싹이 돋든 꽃이 피든 나하고는 상관없는 일이라고 생각했다. 하지만 지금은 모든 게 새롭게 보인다.

"따뜻해지기 시작하니까 또 매미를 쫓아다닐 모양이구나?"

경비원 할아버지였다.

"안녕하세요?"

경비원 할아버지에게 인사를 한 뒤 곧바로 매미가 알을 낳은 가지를 살폈다.

"어! 어디 갔지? 며칠 전까지만 해도 분명히 있었는데……."

겨우내 하루도 빠짐없이 지켜봐 온 가지가 흔적도 없이 사라져 버렸다.

"이게 뭐야!"

나는 깜짝 놀라 소리를 지르고 말았다. 자세히 보니 가지는 부러진 채 아

래쪽 나뭇가지에 간신히 걸려 있었다. 혹시 경비원 할아버지가 가지치기를 하지 않았나 싶어 물어 보았다.

"할아버지, 혹시 가지치기한 적 있어요? 매미가 알을 낳은 가지가 부러져 있어요."

"아마 새가 그랬을 거야. 요즘 날씨가 따뜻해서 그런지 새들이 자주 날아오거든."

부러진 끝 부분을 자세히 살펴보니 내가 그렇게 보고 싶어하던 매미 알들이 가지런히 박혀 있었다.

"이건 동환이 형도 보지 못한 건데……."

내 소원을 새들이 들어준 것 같다. 이제 동환이 형 앞에서 자랑할 일이 생겼다. 매미 알은 아주 작았다. 모양은 쌀처럼 생겼다. 알의 한쪽 끝에는 아주 작은 점이 있다. 알을 보며 어른매미의 크기를 떠올려 보았다.

"이렇게 작은 알 속에 매미가 들어 있는 걸까?"

이렇게 작은 알이 어른매미가 된다는 게 믿어지지 않았다.

나뭇가지의 부러진 부분을 나뭇결 방향으로 조금 더 벌려 보았다. 매미가 알을 낳을 때 뚫었던 구멍이 뚜렷이 드러났다. 구

멍에는 10개 정도의 알이 들어 있었다. 내가 본 매미가 알을 낳을 때 뚫었던 가지에는 구멍이 수십 개 나 있었으니까, 한 마리가 거의 수백 개의 알을 낳는 셈이다.

"휙!"

갑자기 바람이 불어왔다. 그런데 바람을 타고 절반 정도의 매미 알이 사라져 버렸다.

"어휴! 가만히 뒀어야 하는 건데……."

나는 미안한 마음에 주위를 둘러보았다. 하지만 알은 보이지 않았다. 나 때문에 작은 생명들의 운명이 바뀌는 게 아닐까? 나는 부러진 나뭇가지를 본디 있던 자리에 가져다 놓았다.

그런데 좀처럼 동환이 형을 만날 수가 없다. 형도 학교에 다니기 때문에 나와 마주치기가 쉽지 않을 것이다.

 매미 알

매미 알은 쌀처럼 생겼으며 우윳빛을 띠고 있습니다. 정확히 말하면 쌀보다 좀더 길쭉한 모양이고, 크기는 2mm 정도로 좁쌀만합니다. 그렇게 작은 알에서 나온 애벌레가 어른매미만큼 자란다는 것이 믿어지지 않을 정도입니다. 알의 한쪽 끝에는 과일 꼭지처럼 생긴 짙은 갈색을 띤 작은 점이 있습니다. 이것은 애벌레의 눈입니다. 부화 시기가 가까워지면 이 눈은 더욱 또렷해집니다.

이듬해 5월 14일. '꼭 살아 있어야 한다!'

"형! 그동안 왜 그렇게 안 보였어요?"

"강원도에 곤충 조사하러 갔거든."

드디어 동환이 형을 만났다. 나는 매미 알에 대한 이야기부터 꺼냈다.

"형, 매미 알을 봤어요."

"어디서 봤어?"

"지난 여름에 매미가 산란했던 가지가 부러졌거든요. 부러진 틈 사이로 매미 알이 보여요."

나는 형에게 부러진 가지를 보여 주었다.

"좁쌀처럼 아주 조그만 알이에요. 구멍 하나에 10개쯤은 들어 있는 것 같아요."

나는 매미 알에 대해 형에게 자세히 설명해 주었다. 마치 내가 형의 선생님이 된 것 같았다. 형도 놀라움을 감추지 못했다.

"정말 놀랍구나! 그런데 알을 깨고 나온 녀석이 하나도 없네."

"형, 다른 곤충 알이 부화하는 것도 봤어요?"

"집에서 직접 부화시켜 본 적도 있어. 간단한 환경만 갖춰 주면 얼마든지 부화시킬 수 있거든. 며칠 안 돼서 부화하는 것도 있고, 2~3주일이 걸리는 것도 있어. 그런데 매미처럼 부화하는 데 이렇게 오래 걸리는 녀석은 처음이야. 알을 본 게 지난 여름인데 아직도 그대로잖아."

"그런데 이 알은 살아 있는 거예요? 꼭 죽은 것 같아요. 지난 여름에 본 그대로잖아요."

"나도 이게 살아 있는 건지 죽은 건지는 잘 모르겠어. 어쨌든 알로 겨울을 나는 곤충은 다른 곤충보다 살아남기가 더 힘들다는 거야. 연약한 알 상태로 지독한 추위를 견디다 얼어 죽을 수도 있거든. 게다가 움직일 수도 없기 때문에 다른 큰 짐승들의 먹잇감이 되기도 쉽지. 하지만 매미 알은 나뭇가지 속에 박혀 있으니까 다른 짐승의 먹잇감이 되는 일은 많지 않을 것 같구나."

"형, 매미 알은 언제 부화하는 거예요?"

"글쎄, 그건 나도 잘 모르겠어. 그건 네가 알아보고 가르쳐 줄래?"

형도 모르는 게 있다니……. 매미가 나뭇가지 속에다 알을 낳고, 알이 그 속에서 겨울과 봄을 무사히 지낸다는 것은 놀라운 일이다. 그런데 왜 매미는 나뭇가지 속에 산란관을 찔러 넣고 힘겹게 알을 낳는 것일까? 아마도 기나긴 겨울 동안 어미가 돌봐 주지 못하니까 눈에 잘 띄지 않는 나뭇가지 속에 알을 숨겨 놓는 것인지도 모른다.

'꼭 살아 있어야 한다!'

나는 알이 죽지 않고 부화할 수 있게 해 달라고 마음 속으로 기도했다.

이듬해 6월 8일. 매미를 없애는 방법.

'도대체 알은 언제 부화하는 걸까?'

아빠가 퇴근하고 집으로 돌아오셨다. 난 아빠를 붙들고 물어 보았다.

"아빠, 매미 알은 언제 부화하는 거예요? 책에도 없어요."

그러자 엄마가 끼어들었다.

"아빠 피곤하니까 제발 좀 가만히 있어라. 아직도 매미 타령이니?"

나는 엄마 말에는 아랑곳하지 않고 아빠에게 계속 물어 보았다.

"그건 아빠도 모르겠는걸."

답답했다. 동환이 형도 모르고 아빠도 모르는 걸 내가 어떻게 알아 내지? 그런데 저녁도 먹지 않고 컴퓨터에 앉아 있던 아빠가 큰 소리로 외쳤다.

"찾았다, 찾았어. 병규야, 빨리 와 봐!"

과일 나무를 공격하는 매미

말매미는 나뭇가지를 뚫고 그 속에 알을 낳는다. 매미가 알을 낳은 가지는 말라 죽게 된다. 말라 죽는 가지가 많아지면 열매가 줄어든다. 매미는 가지뿐만 아니라 열매에도 알을 낳아 피해를 준다. 매미 알은 6월 말~7월 중순에 알을 깨고 나와 애벌레가 된다. 애벌레는 땅 속으로 들어가 나무 뿌리의 즙을 빨아먹어 나무의 성장을 방해한다.

매미를 없애는 방법

약을 뿌려 매미를 없애는 방법은 효과적이지 않다. 매미가 알을 낳은 가지를 잘라 태우거나 애벌레를 잡아 죽이는 게 좋다. 가장 좋은 방법은 나무 밑동에 그물을 씌워 애벌레가 땅 위로 올라오지 못하게 하는 것이다.

난 단숨에 아빠한테 뛰어갔다.

"말매미 알은 6월 말이나 7월 초에 부화한대. 조금만 더 기다리면 매미 애벌레들이 알을 깨고 기어 나올 거야."

"그럼 조금만 더 기다리면 애벌레를 볼 수 있는 거네요. 그런데 어떻게 알아 냈어요?"

"농업기술원 사이트에 이 자료가 있네."

"그런데 왜 농업기술원 사이트에 매미 자료가 있어요?"

"매미가 농작물에 피해를 주는 유해 곤충이래. 그래서 매미를 없애는 방법을 알려 주려고 올려놓은 거야."

나는 아빠의 이야기를 듣고 깜짝 놀랐다. 매미를 죽이는 방법을 올려놓다니 믿을 수가 없었다. 아빠가 보여 준 자료에는 초여름에 매미가 탈피를 하지 못하게 하는 방법이 자세히 나와 있었다. 애벌레 한 마리가 탈피를 하지 못하고 죽으면 결국 수백 개의 알을 낳지 못하는 것이므로, 나중에는 전체 매미 숫자가 줄어든다는 것이었다. 어른들은 왜 이렇게 매미를 못살게 구는 걸까? 그 조그만 녀석이 복숭아며 사과를 먹으면 얼마나 먹는다고…….

갑자기 동환이 형이 미워지기 시작했다. 형은 농작물에 피해를 입히는 곤충을 연구한다고 했다. 형도 열심히 공부해서 매미 죽이는 방법을 연구할지도 모른다. 어쩌면 매미를 죽이는 방법을 알아 내려고 나한테 잘해 준 건지도 모른다.

'다시는 형하고 안 놀 거야!'

'말도 안 할 거야!'

이듬해 6월 17일. 난 동환이 형과 친하지 않다.

지난주부터 동환이 형과 마주치지 않으려고 노력했다. 뜰로 나가 관찰할 때도 형이 있나 없나 살펴보았다. 어제도 뜰로 나가려는데 형이 있어서 나가지 않았다.

엄마랑 시장에 다녀오는데 경비원 할아버지를 만났다.

"안녕하세요?"

"오랜만이구나! 참, 최동환 학생이 널 찾던데."

"전 그 형이랑 안 친해요."

난 퉁명스럽게 대답했다.

"싸웠니?"

"그 형이랑 어떻게 싸워요. 나보다 키도 훨씬 큰데……. 어쨌든 그 형이랑 안 친해요."

"지난여름부터 줄곧 붙어다니더니……."

"……."

난 더 이상 아무 말도 하지 않고 집으로 들어왔다. 하지만 언젠가는 형과 꼭 마주칠 텐데 그 때는 어떡하지?

 말매미의 한살이

알 낳기
짝짓기가 끝나면 암컷은 길쭉한 산란관으로 나무 표면에 30~40군데 정도 구멍을 뚫습니다. 그리고 한 곳에 10개 정도의 알을 낳습니다.

나뭇가지 속에서 한겨울 보내기
알은 나뭇가지 속에서 가을과 겨울을 보낸 뒤 이듬해 6월 말쯤 부화하기 시작합니다.

땅 속으로 들어가는 애벌레
부화가 끝난 애벌레는 땅을 파고 들어갑니다

애벌레의 땅 속 생활
애벌레는 땅 속에서 침처럼 뾰족한 입을 나무 뿌리에 찔러 수액을 먹으며 4~5년 정도를 삽니다.

땅 위로 올라오는 애벌레
애벌레는 땅속에서 여러 번 탈피를 합니다. 탈피를 할 때마다 애벌레의 몸집은 점점 커집니다. 땅 속으로 들어간 지 4~5년 정도 지나면 땅을 뚫고 올라옵니다.

허물벗기
땅 위로 올라온 애벌레는 나무 위로 올라가 허물을 벗습니다. 허물을 벗은 매미는 땅 위에서 약 15일쯤 산 뒤 죽게 됩니다.

알 낳기

애벌레의 땅 속 생활

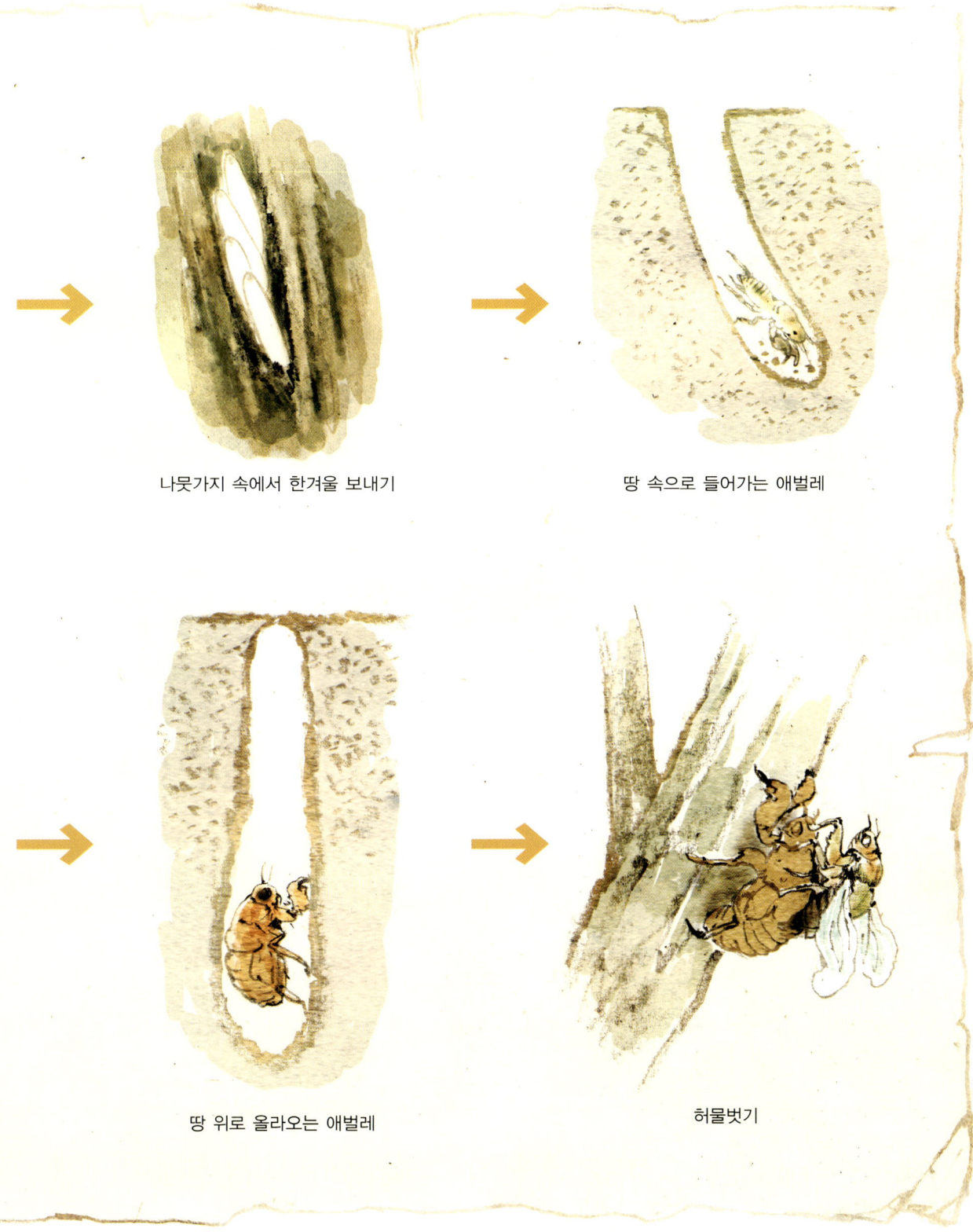

13. 안녕, 애벌레야!

> 이듬해 6월 19일. 동환이 형과 화해를 했다.

"병규야!"

뜰에서 매미가 알을 낳은 가지를 살펴보고 있는데 동환이 형이 나타났다. 나는 대답도 하지 않았다.

"어, 우리 매미 소년이 기분이 안 좋은가 보네?"

"말 시키지 마! 형도 매미를 죽이려고 공부하는 거잖아! 빨리 가!"

나는 버럭 화를 냈다. 형은 아무 말도 하지 않고 내 옆에 그대로 있었다. 조금 미안한 생각이 들었다. 그래서 얼마 전 농업기술원 사이트에서 본 매미 이야기를 해 주었다.

"형은 곤충을 죽이지 않아. 열심히 공부해서 곤충과 사람이 함께 살 수 있는 방법을 연구할 거야."

"정말이지?"

형은 나하고 새끼손가락을 걸고 엄지손가락으로 도장도 찍었다.

형이 돌아간 뒤, 나는 혼자 뜰에 남아 나무 줄기에 걸쳐 놓은 부러진 산란 가지를 물끄러미 바라보았다. 그런데 문득 걱정이 하나 생겼다. 또 지난번처럼 바람이 세게 불어 알들이 밖으로 쏟아질 수도 있기 때문이다. 나는 부러진 가지의 알들만이라도 안전하게 부화시키고 싶었다.

이듬해 6월 21일. 쓰레기통으로 들어간 매미 알.

"엄마! 책상 위에 있던 나뭇가지 못 봤어요?"

매미가 알을 낳은 가지를 집에 들여놓은 지 이틀이 지났다. 그런데 학교에서 돌아오자 책상 위에 그대로 놓여 있어야 할 산란 가지가 감쪽같이 사라져 버린 것이다.

"나뭇가지를 뭐하려고 집으로 가지고 들어오니? 엄마가 방 치우면서 쓰레기통에 버렸다."

"그걸 버리면 어떡해요?"

난 엄마에게 소리를 지르고 말았다.

"아이구, 깜짝이야. 그, 그게 뭔데 그렇게 소리를 지르고 그래? 자꾸 그런 걸 가지고 들어오니까 방이 지저분해지지."

"그건 매미 알이 들어 있는 가지란 말이에요, 빨리 찾아 줘요!"

엄마와 함께 아파트 쓰레기 수거함으로 갔다. 1시간이 넘게 쓰레기더미를 뒤지고서야 겨우 매미가 알을 낳은 가지를 찾을 수 있었다.

"또 이런 거 가지고 들어오기만 해 봐라."

집으로 돌아온 뒤 엄마는 나에게 아무 말도 하지 않았다. 매미 알 때문에 맘이 단단히 상하신 모양이다. 나도 엄마에게 소리를 지른 게 미안하다.

이듬해 6월 23일. 아무도 모르는 부화 방법.

며칠이 지나도 매미 알에는 아무런 변화도 일어나지 않는다. 아무래도 알을 그대로 두면 안 될 것 같았다. 하루 종일 알을 부화시키는 방법을 찾아보았다. 하지만 백과사전에도, 인터넷에도 매미 알을 부화시키는 방법은 나와 있지 않았다. 아빠도 매미 알을 부화시키는 방법은 알지 못했다. 파브르 선생님도 매미 알을 부화시키는 방법을 모르는 것 같았다. 『파브르 곤충기』를 찾아보니 알을 가져와서 그냥 놔 두니까 부화했다고만 되어 있었다. 할 수 없이 곤충 동호회 사이트에 매미 알을 부화시키는 방법을 알려 달라는 글을 올렸다.

이듬해 6월 25일. 매미 알을 부화시키는 방법.

며칠 동안 곤충 동호회 사이트에 아무 글도 올라오지 않다가 오늘에서야 글이 올라왔다. 매미 알을 부화시키는 방법은 아주 간단했다. 사실 부화를 시킨다기보다는 알이 부화할 수 있는 환경을 만들어 주라는 말인 것 같다. 어쨌든 이 방법대로 알을 부화시키기로 마음먹었다.

1. 투명한 유리 그릇을 준비하세요.
유리 그릇이 아니더라도 속을 들여다 볼 수 있는 그릇이면 됩니다. 운이 좋으면 갓 부화한 애벌레가 땅 속에서 웅크리고 있는 모습을 볼 수도 있을 테니까요.

2. 흙을 깔아 주세요.

알을 깨고 나온 애벌레는 곧바로 땅 속으로 들어간 뒤 몇 년을 살게 됩니다. 그래서 유리 그릇 안에도 흙을 두툼하게 채워야 합니다. 이렇게 흙을 채운 뒤, 그 위에 매미 알이 들어 있는 가지를 올려놓으세요. 만약 유리 그릇이 너무 깊어 가지를 자세히 보기 힘들면 유리 그릇 안에 컵을 뒤집어 넣고 그 위에 가지를 올려놓으세요.

3. 물을 뿌려 주세요.

물을 뿌리는 건 매미 알이 들어 있는 가지가 자연 상태 그대로 있을 때와 비슷한 환경을 만들기 위해서예요. 만약 이 가지가 뜰에 그대로 있었다면 이슬도 맞고 비도 맞고 할 테니까요. 물은 분무기로 하루에 두 번 정도 살짝 뿌려 주세요.

이듬해 6월 29일. 화분에 물을 주듯……

"내가 물을 너무 많이 뿌리는 건가?"

난 화분에 물을 주듯 며칠 동안 하루도 빠지지 않고 매미 알이 들어 있는 가지에 물을 뿌렸다.

"정말 이렇게 하면 알들이 부화할 수 있는 거니?"

엄마도 알이 언제쯤 부화하게 될지 궁금한가 보다.

나는 하루하루 두근거리는 마음으로 매미 알이 들어 있는 가지를 지켜보고 있다. 혹시 내가 잠든 사이에 알이 부화하지나 않을까 걱정이 되기도 한다. 그래서 잠을 자다가도 벌떡 일어나서 유리 그릇을 들여다보곤 한다. 이렇게 날마다 잠을 설치다 보니 낮에는 병든 닭처럼 졸기 일쑤다.

이듬해 6월 30일. 드디어 알이 깨어났다.

"엄마, 큰일났어요."

이른 아침, 그토록 기다리던 순간이 다가왔다. 산란 가지에 하얗게 붙어 있어서 자세히 들여다봤는데, 아무래도 녀석들이 부화를 하고 남겨 놓은 알 껍질 같았다. 나는 거실로 뛰어가 형에게 전화를 했다.

"형, 빨리 우리 집으로 와. 알이 부화하기 시작한 것 같아."

형은 단숨에 우리 집으로 달려왔다. 나와 동환이 형, 그리고 엄마는 작은 유리 그릇에 머리를 맞대고 부화하는 매미 알을 찾았다. 하지만 워낙 작아서 찾는 게 쉽지 않았다. 이미 부화한 녀석들이 있으니까 흙 위로 돌아다니는 애벌레도 있을 법한데 보이지 않았다.

"벌써 흙 속으로 들어가 버렸나?"

"아냐. 몇 놈이 벌써 부화를 해서 흙 속으로 들어갔다면 나머지 알들도 이제 곧 부화를 할 거야. 이 많은 알들이 벌써 다 부화를 했겠니?"

형은 삼각대에 사진기를 고정시켰다. 나와 동환이 형, 그리고 엄마는 번갈아가며 렌즈로 관찰을 했다. 물건을 확대하는 형의 사진기 렌즈는 마법사였다. 눈곱만한 알 껍질이 굉장히 크게 보였다. 좁쌀만한 애벌레도 돼지만하게 보일 것 같았다.

"와! 나온다. 저기, 저기, 까만 눈 달린 하얀 거 있잖아. 봐 봐."

카메라를 들여다보고 있던 엄마가 먼저 고함을 질렀다. 엄마 말대로 나뭇가지 구멍에서 깨알만한 알 하나가 낑낑대며 나오고 있었다. 알은 조금씩 구멍 밖으로 몸을 밀어 내고 있었다. 막 세상을 향해 고개를 내민 녀석의 얼굴에는 정말 까만 눈이 박혀 있었다. 20분이나 구멍에 끼여 낑낑대더니 겨

우 몸통 전체가 구멍 바깥으로 빠져나왔다. 껍질을 벗지 않은 알이 배추벌레처럼 꾸물꾸물 기어다녔다. 알이 움직이다니 신기했다.

　엄마가 내 머리를 살짝 쥐어박았다.

　"이 녀석 울기는……."

　나도 모르게 눈물이 찔끔 나왔다. 일 년 동안 기다린 보람이 있었다.

　기어가던 알은 한 곳에 자리를 잡았다. 그리고 잠시 뒤 검은 점이 있는 부위를 뚫고 주인공이 탄생했다. 녀석은 조금씩 조금씩 몸을 움직여 껍질을 벗었다. 껍질을 다 벗고 나니 알 껍질은 나팔꽃 모양으로 벌어졌다. 비록 눈곱만한 벌레의 탄생이었지만 너무나 황홀했다. 이제 녀석은 알에서 애벌레

로 거듭 태어난 것이다.

알을 깨고 나온 애벌레는 곧바로 흙을 파고 들어가기 시작했다. 형의 렌즈 속에 보이는 녀석의 모습은 색깔이 노란색이고 날개만 없지, 어른매미와 똑같았다. 노란 고무로 만든 매미 인형 같기도 했다.

이리저리 기어다니던 녀석은 앞다리로 흙 알갱이들을 밀치고 당기고 하면서 흙 속으로 들어가려고 했다. 녀석의 몸집에 비하면 흙 알갱이들은 바위만 했는데, 앞다리의 힘이 무척 세어 보였다. 흙 속으로 기어 들어간 녀석이 다시 흙 위로 올라왔다. 파고 들어가고 다시 나오고, 녀석은 포기할 줄 몰랐다.

"형! 이 녀석들 유리 그릇이 뜰인 줄 아나 봐요. 흙이 너무 얕게 깔려서 파고 들어가 살기에는 알맞지 않은데……."

"맞아. 이제 뜰로 돌려보내 줘야 할 것 같구나."

"형, 우리 오늘 하루만 이 녀석하고 같이 보내면 안 될까?"

나는 녀석들과 바로 헤어지는 게 아쉬웠다. 형과 나는 하루 종일 녀석들을 관찰했다. 좁쌀만한 애벌레의 모습은 아무리 보아도 질리지 않았다. 형은 하루 종일 녀석들의 사진을 찍고 공책에 뭔가를 기록했다. 나도 종이를 꺼내 애벌레를 자세히 관찰하며 그림을 그렸다.

이듬해 7월 1일. 안녕, 애벌레야!

새벽 5시. 해가 뜨기도 전에 잠에서 깨어났다. 유리 그릇을 들여다보았다. 알을 깨고 나온 녀석들이 더 늘어났다. 나는 아침도 먹지 않고 애벌레를 데리고 뜰로 나갔다. 그리고 녀석들을 나뭇가지 위에 올려 주었다.

애벌레는 한동안 나무 위에 있더니 바람이 불자 나무 아래로 떨어졌다. 좁쌀만한 녀석들에게는 조그만 흙덩어리도 가파른 언덕이었다. 녀석들은 땅을 파기 시작했다. 흙덩이 사이의 틈을 파고 들어가려고 안간힘을 썼다. 들어가다가 안 되면 다시 기어 나와 다른 장소를 찾아 또 파고들었다. 잠시 뒤 녀석들은 흔적도 없이 사라져 버렸다.

이제 녀석들은 땅 속에서 적어도 5년이라는 긴 시간을 보내야 한다. 그리고 때가 되면 제 몸집의 백 배, 천 배는 커져서 땅을 뚫고 올라올 것이다.

'안녕, 애벌레야!'

다시 여름을 기다리며……

올 여름 매미 소리는 지난해와 분명히 다르게 들렸다. 여름 내내 나는 짝짓기하는 매미들을 찾아다녔다. 하지만 결국 짝짓기하는 녀석들을 보지 못했다. 내가 아파트에서 너무 유명해져서 더 은밀하게 짝짓기를 하는 것 같았다.

또다시 여름이 지나고 가을이 찾아왔다. 귀가 멍멍할 정도로 울어 대던 매미 대신 이젠 귀뚜라미가 울고 있다. 경비원 할아버지에게 귀뚜라미 소리가 시끄럽냐고 물어 보았다.

"시끄럽긴, 이제 가을이 온 거지."

귀뚜라미 때문에 못 살겠다고 하는 사람은 없는 것 같다. 하지만 매미가 누구네 집 닭을 잡아먹었다든지 매미 때문에 숲이 망가졌다는 이야기는 들어 보지 못했다. 어쩌면 매미들도 사람들 때문에 시끄러워 못 살겠다고

생각할지도 모른다. 사실 자동차 소리나 공사장 소음 같은 것이 매미 소리보다 더 시끄럽다.

우리 동네에는 매미가 무척 많다. 아주 옛날, 사람들이 아무도 살지 않았을 때부터 매미들은 이곳에 살았을 것이다. 그렇다면 우리 동네의 진짜 주인은 매미인 셈이다. 옛날과 달라진 게 있다면 매미가 살던 곳에 사람도 산다는 것이다. 서로 시끄럽다고 생각하지 않았으면 좋겠다. 이 세상은 사람만 사는 게 아니라 매미를 비롯한 온갖 동물과 식물이 함께 살기 때문이다.

나는 매미의 삶과 죽음을 모두 지켜보았다. 이제 더 이상 매미 소리 때문에 여름을 지겨워하지 않는다. 나는 벌써부터 내년 여름이 기다려진다.

병규의 매미 일기 끝

매미, 여름 내내 무슨 일이 있었을까?

2004년 7월 15일 1판 1쇄
2021년 6월 4일 1판 14쇄

글쓴이 : 박성호
그린이 : 김동성

기획·편집 : 최일주
디자인 : 권소연
교정 : 송혜주
제작 : 박흥기
마케팅 : 이병규, 이민정, 최다은
홍보 : 조민희, 강효원

출력 : 한국커뮤니케이션
인쇄 : 코리아피엔피
제책 : J&D바인텍

펴낸이 : 강맑실
펴낸곳 : (주)사계절출판사
등록 : 제 406-2003-034호
주소 : (우)10881 경기도 파주시 회동길 252
전화 : 031)955-8588, 8558
전송 : 마케팅부 031)955-8595 | 편집부 031)955-8596
홈페이지 : www.sakyejul.net | 전자우편 : skj@sakyejul.com
페이스북 : facebook.com/sakyejulkid | 블로그 : skjmail.blog.me
인스타그램 : instagram.com/sakyejulkid

ⓒ 글 : 박성호 | 그림 : 김동성, 2004

값은 뒤표지에 적혀 있습니다. 잘못 만든 책은 구입하신 서점에서 바꾸어 드립니다.
사계절출판사는 성장의 의미를 생각합니다. 사계절출판사는 독자 여러분의 의견에 늘 귀 기울이고 있습니다.
이 책은 저작권법에 따라 보호받는 저작물이므로 무단전재와 무단복제를 금합니다.

ISBN 978-89-5828-026-2 73490